O PODER E A NOVA LÓGICA DA LIDERANÇA

CARO(A) LEITOR(A),
Queremos saber sua opinião sobre nossos livros.
Após a leitura, curta-nos no **facebook.com/editoragentebr**,
siga-nos no Twitter **@EditoraGente** e no Instagram **@editoragente**
e visite-nos no site **www.editoragente.com.br**.
Cadastre-se e contribua com sugestões, críticas ou elogios.

NEUZA CHAVES

O PODER E A NOVA LÓGICA DA LIDERANÇA

Um guia prático para ajudar os novos líderes a cuidarem de si, dos times e do negócio

Diretora
Rosely Boschini

Gerente Editorial Sênior
Rosângela de Araujo Pinheiro Barbosa

Editora Júnior
Carolina Forin

Assistente Editorial
Bernardo Machado

Produção Gráfica
Fábio Esteves

Preparação
Juliana Cury | Algo Novo Editorial

Capa, Projeto gráfico e diagramação
Plinio Ricca

Revisão
Wélida Muniz
Andréa Bruno

Impressão
Edições Loyola

Copyright © 2022 by Neuza Chaves
Todos os direitos desta edição
são reservados à Editora Gente.
Rua Natingui, 379 – Vila Madalena
São Paulo, SP – CEP 05443-000
Telefone: (11) 3670-2500
Site: www.editoragente.com.br
E-mail: gente@editoragente.com.br

Este livro foi impresso pela Edições Loyola em papel
pólen bold 70 g/m² em setembro de 2022.

Dados Internacionais de Catalogação na Publicação (CIP)
Angélica Ilacqua CRB-8/7057

Chaves, Neuza
O poder e a nova lógica da liderança : um guia prático para ajudar os novos
líderes a cuidarem de si, dos times e do negócio / Neuza Chaves. – São Paulo:
Editora Gente, 2022.
192 p.

ISBN 978-65-5544-254-0

1. Desenvolvimento profissional 2. Liderança I. Título

22-4990

CDD 650.13

Índice para catálogo sistemático:
1. Desenvolvimento profissional

NOTA DA PUBLISHER

Quem nunca sonhou com um cargo de liderança, não é mesmo? Mas será que quem sonha, e quem realiza esse sonho, está realmente pronto para liderar? É partindo dessa premissa que Neuza Chaves, autora best-seller da casa, propõe que muito mais que querer gerir pessoas, é preciso saber como fazê-lo.

Especialista, a autora acompanhou a evolução dos modelos de gestão e liderança e apresenta aqui um material prático, em forma de guia, com todas as ferramentas necessárias para que o leitor supere o medo de liderar, expandindo assim o seu potencial de liderança. Repleto de sabedoria e cases instigantes, Neuza ainda reuniu, especialmente para você, querido leitor, uma seção só com depoimentos da nova liderança.

Autoridade quando o assunto é gestão empresarial, desenvolvimento humano e liderança, Neuza é consultora sênior associada à Falconi, atuando nos comitês de Gente e Cultura, e foi presidente da União Brasileira para a Qualidade: não poderia desejar autora mais especializada para guiar você nesta intensa jornada que é a gestão de pessoas. O poder e a nova lógica da liderança é o livro perfeito para quem acabou de chegar ao mundo da liderança, e eu garanto: não há nada a temer, você está em ótimas mãos.

Boa leitura!

Rosely Boschini
CEO e Publisher da Editora Gente

Dedico este livro à minha família:
a Renato, meu jovem velho companheiro;
aos meus filhos Filipe e Jamile; à minha nora, Lina; a Rafael,
meu genro; aos meus amados netos, Laurinha e Rick;
e aos amigos queridos, por criarem intervalos em minhas
longas horas de escrita, me ajudarem a concluir a jornada com
saúde física e mental e energia para comemorar.

AGRADECIMENTOS

A o finalizar um livro sou tomada por uma vontade enorme de abraçar e agradecer às pessoas que generosamente cederam o seu tempo para compartilhar as suas experiências e aprendizados, me ajudando a compor os conteúdos e libertá-los para que se encontrem com o público do qual quero me aproximar: as pessoas que estreiam em suas lideranças.

Espero que estas páginas inquietem e inspirem as pessoas na busca de uma liderança extraordinária. Este não é apenas um livro, mas um projeto colaborativo. Portanto, me junto a todas as pessoas que utilizarão os aprendizados aqui trazidos para fazer os meus agradecimentos.

Ao meu querido amigo e eterno professor, Vicente Falconi.

Agradecimento especial à Viviane Martins, CEO da Falconi, coautora comigo do livro *O desafio do Impossível* (Editora Gente, 2021) pela sua participação nesta obra e pelo apoio disponibilizado. Represento o time Falconi com algumas pessoas queridas que apoiaram de diferentes formas, seja me ouvindo ou se sensibilizando para ajudar a levar este livro para que ele cumpra os seus objetivos: Adriane Valente, André Jeha, Alexandre Ribas, André Chaves, Bernardo Miranda, Bela Murici, Breno de Barros, Bruno Henrique, Dennis Alberto, Flávio Boan, Mauro Eustáquio, Paulo Luizzi, Rodrigo Zanzoni, Tati Laurindo, Vinicius Brum e todos aqueles que, como eu, acreditam que temos a obrigação de disseminar o nosso conhecimento, principalmente com os jovens.

A Fernando Ladeira e time da Falconi Gente, pela amizade, confiança e parceria.

A Suzane Veloso e seu time, pelo apoio e entusiasmo, ao abrir canais e compartilhar do sonho.

A J. Luiz Galassi, líder da Universidade Falconi, por acreditar neste livro como um instrumento de melhoria da performance e inspiração de jovens líderes.

A Daniel Spolaor e seu time, amigo de significativas jornadas, pela disponibilidade, generosidade e experiência.

Aos jovens líderes brilhantes que compartilharam as suas histórias e lideranças amigas: Aline Ferraz (diretoria Experiência do Cliente, Atento); Bianca Amaral Bianchini (diretora de E-commerce, Carrefour); Bianca Juliano (sócia, XP); Camila Sá (creative manager, Warner Bros. Discovery); Darci Siqueira (CEO, Sirtec); Fábio Costa (CEO, Fluxo Combustíveis); Fábio Soares (CEO, Canex); Bárbara Costa (diretora administrativa, Canex); Daniela Gomes (gerente de Pessoas, Canex); Flávia Maia (board, member, Alife Group, diretora de Gente e Gestão, UPON Global Capital); Francis Aquino (consultora de Comunicação, Oi); Frederico Samartini (CEO, Yssy&Co); Gabriela Munhoz B. do Amaral, (senior group product manager, iFood); Kaká Gomes (chef e mentor); Rodrigo Amorim (gerente de Mercado, Natura); Roberta Serafim (diretora de Cultura Organizacional e Performance, Via Varejo). Agradeço também ao time do Instituto de Formação de Líderes (IFL), e a Ronilton, Priscila, Luiz, Guilherme e as equipes da Anglo American.

Aos amigos da União Brasileira para a Qualidade (UBQ).

À equipe da Associação Brasileira de Recursos Humanos de Minas Gerais (ABRH-MG).

Agradeço, especialmente, a Rosely, CEO da Editora Gente, pela renovação da confiança, e a todo o time: Carolina Forin, Camila, Fabrício, Keila, Julyana e às outras pessoas queridas que não interagi diretamente.

E agradeço a Carolina Rocha, do Estúdio Cavalo-Marinho, por estar comigo na essencial tarefa de levar o livro ao encontro do nosso público.

SUMÁRIO

14   **PREFÁCIO**

18   **INTRODUÇÃO**

24

01

SOU LÍDER, E AGORA?

36

02

NÃO SOMOS PREPARADOS PARA LIDERAR

50

03

TOME POSSE DA SUA TRILHA

58

04

AUTOCONHECIMENTO

76

05

LIDERAR ENTRE O VELHO E O NOVO PODER

06

FAZENDO A CURADORIA ENTRE O VELHO E O NOVO PODER — 88

07

AGENDA DA LIDERANÇA — 110

08

APRENDIZADO EM CAMPO — 128

09

EXPANSÃO DO POTENCIAL DO LÍDER — 148

10

PLANO DE DESENVOLVIMENTO E EVOLUÇÃO — 168

11

AS MUDANÇAS NÃO ESPERAM. COMECE AGORA E SEJA EXTRAORDINÁRIO! — 178

LIDERANÇAS VENCEDORAS — 190

PREFÁCIO

onheci Neuza Chaves em 2002, quando ela era consultora da Falconi e eu era responsável pela área de gente e gestão das fábricas da Ambev no Brasil. Juntos, implementamos os círculos de controle de qualidade (CCQ) nessas unidades fabris, um trabalho grande, estratégico para o negócio e que demandou a colaboração de muitas pessoas envolvidas nas operações de produção da empresa.

Desde aquela época, já pude notar o grande entusiasmo e dedicação de Neuza em relação ao desenvolvimento de novos processos e novas lideranças. Nessa oportunidade, percebi seu talento para desempenhar uma liderança humanizada, com foco em dois aspectos que considero essenciais: prática da escuta ativa e capacidade de alavancar o melhor do potencial que cada pessoa tem a oferecer.

Aquela experiência também ajudou no meu desenvolvimento profissional e pessoal: tornou-me um líder mais criativo, colaborativo, analítico e adaptável. Aprendi que escutar ativamente nos torna mais humanos e exercita nosso interesse genuíno pelas pessoas. Acessamos caminhos de comunicação empática quando trocamos experiências pensando no impacto que as nossas falas vão gerar nos outros.

Ser líder é se fazer entender, é perceber que relações humanas precisam caminhar em harmonia, mesmo quando não há 100% de concordância. Liderança humanizada é uma *soft skill* que pode ser aprimorada com técnicas e com muita observação, leitura e estudo de casos.

O tema deste livro, portanto, é fundamental para quem está nesta jornada de liderar. Os cenários mudam muito rápido e as lideranças devem ser as primeiras a se adaptar com foco no negócio e nas pessoas.

Boa leitura!

JOSÉ DANIELLO
CHIEF PEOPLE OFFICER DA ALPARGATAS

QUANTO ANTES VOCÊ VIRAR A CHAVE, MAIS CEDO ESTARÁ EM CONDIÇÕES DE TOMAR POSSE DA SUA TRILHA.

INTRODUÇÃO

O líder extraordinário é a pessoa capaz de conciliar a entrega de resultados com a gestão humana.

Por algum tempo, eu me perguntei se valia a pena escrever outro livro falando de liderança. Afinal, esse tema é antigo, e uma rápida busca sobre o assunto na internet revela uma lista interminável de publicações, serviços de consultoria, cursos, palestras, livros, artigos etc. Apesar dessa abundância, não encontrei muita ajuda efetiva para a jornada de um novo líder. Há muito tempo atendo, por meio de consultorias de diversos segmentos e nos processos de coaching e *mentoring*, pessoas que sofreram por não saber lidar com a primeira experiência de liderança, pessoas que tiveram dificuldade para se descolar de si mesmas e que, por isso, acabaram se posicionando no mesmo nível da equipe.

Continuando as minhas investigações acerca da utilidade de um novo livro sobre liderança, passeei pelas minhas publicações anteriores e vi o quanto elas têm das minhas experiências como executiva, professora e consultora de organizações públicas e privadas. As lembranças das minhas vivências nessa estrada me encorajaram. Não posso guardar para mim o privilégio das oportunidades que tive de aprender com tantas pessoas e realidades diferentes. Tenho a obrigação de compartilhar esses aprendizados para que outros possam aplicá-los ou ser inspirados por eles para transformar a própria vida, seus ambientes e influenciar outras pessoas, em uma corrente de multiplicação do bem. Quando recebo mensagens de leitores ou alunos que se sentiram inspirados e mais confiantes, me vem uma avalanche de emoções que não sei explicar, mas que é boa de sentir.

Vivi e convivi com a liderança de muitas maneiras, mas também aprendi muito com os livros. Foi por isso que, há vinte anos, escolhi este canal para transmitir observações e registros das pessoas que realmente transformam os seus ambientes e aqueles que lideram. Se eu me limitasse a relatar tais experiências, já seria valioso, mas sempre me preocupei em conectá-las aos estudos de pesquisadores respeitáveis para entendê-las, explicá-las e fundamentar sua aplicação.

Ainda pensando nas razões para este livro, encontrei a lembrança de uma viagem que fiz com um gerente que havia acabado de regressar ao Brasil após quatro anos de trabalho nos Estados Unidos. Era um longo percurso de carro, e ele estava ávido por falar dos desafios que vivera e do quanto estava feliz por retornar.

De maneira bem-humorada, começou contando os seus apertos na chegada. Ele havia sido designado para substituir o gerente da planta no exterior e, como se não bastasse ser essa a sua primeira experiência com a liderança, apesar de ter feito vários cursos, não era fluente na língua inglesa. Ao relatar a experiência, ele ainda parecia reviver a emoção original, carregando na voz o tom do sofrimento vivido no início. O primeiro impacto da notícia do novo emprego foi de pura alegria. Afinal, quem não se encheria de orgulho ao ser convidado, ainda tão jovem, para ser líder no exterior? Seria um divisor de águas na vida e um salto na carreira.

A ficha só caiu quando sua mente despertou para a frase: "Você chegou ao seu destino". *Meu Deus, dá para voltar atrás?* Bateu aquele medo de não dar conta, de ser rejeitado por ser brasileiro ou por assumir a posição de uma pessoa que já estava no cargo havia algum tempo, de perder o emprego que já o reconhecia como excelente profissional e não conseguir se posicionar na nova função; enfim, aquilo que antes só aparentava ter um lado bom, agora revelava pontos negativos. Para completar, ele sofreu um choque e esqueceu o pouco que sabia de inglês. O bloqueio foi tanto que ele não conseguia entender nem falar a língua. Foi um desespero! Ele só conseguia pensar em como seria se a empresa soubesse que ele não estava habilitado nem para ser líder nem para se comunicar naquele idioma.

Durante os dois dias reservados para que o gerente a quem substituiria lhe passasse o serviço e o apresentasse aos demais colegas, ele continuou bloqueado. O gerente se foi, e ele continuou perdendo o sono, pensando em como seria dali para a frente. Não havia ninguém com quem desabafar sobre aquela fragilidade. Alguns dias depois, começou a se acalmar, convivendo com mais pessoas e perdendo o medo de se comunicar com o time. Iniciou aulas intensivas de inglês e, aos poucos, foi se soltando para tocar a sua jornada.

De volta ao presente, ao chegar ao nosso destino, ofereci a ele um exemplar do meu livro *Esculpindo líderes de equipes*,[1] pedindo que avaliasse se o conteúdo teria sido útil caso tivesse aqueles conhecimentos antes de assumir a liderança. Claro que não o ajudaria a fluir no idioma, mas uma dificuldade a menos poderia reduzir a insegurança que causou o seu bloqueio ao assumir o desafio.

Pouco tempo depois, recebi uma mensagem em que ele agradecia as lições básicas do livro e fazia uma provocação: "Neuza, gostei muito do livro, e ele pode, sim, me ajudar hoje, mas quem está começando precisa de um outro roteiro. Já faz anos que você ajuda na formação de liderança, por que não escreve um livro para líderes que estão começando? Ajudaria muito os marinheiros de primeira viagem. Se eu, que trabalho em uma grande empresa e fiz uma boa faculdade, não fui preparado para uma primeira liderança, imagine quantas pessoas não seriam ajudadas se você trouxesse algumas orientações práticas que clareassem o caminho?". Nunca mais tive contato com esse líder, mas a sugestão ficou na minha cabeça. Se ele estiver lendo isso agora, saberá que é dele que estou falando.

Passei a investigar outros líderes de primeira viagem e percebi que a maioria não era preparada para a etapa inicial da liderança. Também na minha trajetória de consultoria, acompanhei por décadas os desafios e aprendizados, com muitas idas e vindas, de pessoas que eram indicadas para a posição de liderança, mas tinham dúvidas básicas sobre essa função. Lembrei-me ainda do quanto fazia diferença ensinar o básico de gestão e liderança nas organizações

---

1 CHAVES, N. **Esculpindo líderes de equipes**. Belo Horizonte: Falconi, 2013.

públicas e privadas. Em pouco tempo, testemunhamos evolução no resultado dos indicadores e no engajamento dos colaboradores.

As melhorias proporcionadas por uma liderança preparada podem ser surpreendentes em todos os setores. Até aqueles que vivem uma dura realidade, com poucas práticas humanizadas, se transformam a partir do momento em que os gestores mudam a própria conduta. O simples fato de o líder passar a dar feedback isoladamente, e não mais gritar com os funcionários ou chamar sua atenção no meio da turma, já muda o clima. Tais transformações são expressas na redução dos índices de acidentes e de rotatividade de pessoal, na diminuição de erros e no aumento do índice de cumprimento de prazos. Enfim, surge uma nova consciência em relação ao respeito mútuo e a tudo o que acontece a partir daí. Foi o que vivenciamos no projeto que deu origem ao livro *O desafio do impossível*,[2] que conta como a Ambev aumentou a produtividade de suas fábricas no Brasil em aproximadamente 50% ao lançar mão de uma abordagem humanizada. A produtividade cresceu, e o consumo de matéria-prima e de energia caiu drasticamente. O índice de rotatividade de pessoal da cervejaria foi de mais de 20% para 3% e se manteve assim, mostrando que um ambiente de gente feliz gera bons resultados. As lideranças locais influenciaram mudanças em todas as demais unidades da companhia, criando uma nova cultura.

Resgatando essas e outras experiências, no agronegócio, na mineração, em hospitais, universidades, bancos, centros de pesquisas etc., reforcei a certeza de que qualquer ambiente pode ser o berço de um líder extraordinário, que vai se revelar por meio de pequenas e constantes mudanças no seu comportamento e influência sobre outros.

A sugestão daquele líder que voltava dos Estados Unidos fazia cada vez mais sentido, e concluí que, sim, valia a pena me dedicar a escrever sobre liderança! Minha maior motivação ao escrever este livro para os líderes estreantes, que têm dores comuns e podem se beneficiar de um caminho que os ajude a trilhar a primeira viagem, é criar uma ferramenta útil para enfrentarem essa etapa inicial. Coletei informações mais atuais para que esta obra possa conversar com

---

2 CHAVES, N.; MARTINS, V. **O desafio do impossível**. São Paulo: Gente, 2021.

as necessidades contemporâneas, entrevistei vários líderes e realizei uma pesquisa exclusiva para o livro com 326 respondentes, na qual me dediquei inteiramente à leitura das necessidades e possibilidades, além de recorrer a muitos estudos.

Ao navegar pelas páginas seguintes, você verá que este livro também será útil para os líderes mais experientes, pois, a cada mudança no cenário, todos precisam reaprender. Porém, os líderes de primeira viagem seguramente serão os mais beneficiados, podendo utilizar os conhecimentos e as experiências aqui descritos para serem preventivos em suas jornadas. Afinal, por que por meio de tentativa e erro se é possível utilizar caminhos de desenvolvimento já testados e aprovados? Por que não treinar para ser um futuro piloto em um simulador de voo?

Gosto de sempre dar exemplos de situações reais, pois ajuda os leitores a ter insights a partir dos caminhos já percorridos por outras pessoas. Não consigo descrever a minha emoção ao receber uma mensagem de alguém que se reconheceu em determinada situação e aprendeu algo que aplicou e que o ajudou a resolver um problema ou a alcançar um objetivo. É um sentimento indescritível.

Atualmente, chama a minha atenção ouvir tantos jovens dizendo que não querem nem pensar na liderança para sua vida ou porque tiveram líderes ruins ou porque acham que essa é uma posição de muito sacrifício. Neste livro, vou mostrar que o líder extraordinário é capaz de conciliar a entrega de resultados com a gestão humana. É possível ser feliz, promover a felicidade dos liderados e, como consequência, alcançar as metas que estão sob sua responsabilidade. Faremos juntos um exercício de empatia com as histórias aqui relatadas. Estou certa de que muitos se identificarão com várias situações vivenciadas por esses líderes e relembrarão dores, incertezas, inseguranças e caminhos percorridos para chegar aonde estão. As histórias vêm emolduradas por conceitos e reflexões que demonstram que, apesar das dificuldades, é possível se tornar um líder extraordinário se o desejo de que isso aconteça for a maior motivação.

Se estudos e pesquisas mostram que o que distingue um líder bem-sucedido é a habilidade de cuidar de gente, então a solução não seria tomar posse da sua trilha de aprendizado e buscar conhecimentos contínuos sobre o tema desde o início? É isso que apresentarei a você ao longo destas páginas.

SOU LÍDER, E AGORA?

01

A questão que dá nome a este capítulo inquieta a maior parte dos novos líderes com os quais convivi ou que entrevistei. Alegria e dor estão presentes em dois momentos distintos: no primeiro, as pessoas vibram, comemoram e ficam felizes por serem indicadas; depois se assustam ao tomar consciência da responsabilidade e perdem o sono ao sentir que não estão tendo a mesma boa performance que tinham na função anterior.

Então, o que fazer? Há um antídoto para evitar essa dor do líder de primeira viagem? É fato que aprendemos vivendo, experimentando, mas sem a preparação parece que dói mais. Algumas experiências mostram que, mesmo não havendo uma trilha completa, algumas doses de conhecimento, complementadas por trocas e orientações, ajudariam muito o novo líder a ter repertório para trilhar o caminho e recalcular a rota quando necessário.

Para endereçar melhor os nossos conteúdos, convidei líderes de vários segmentos e formações, tendo em comum as dificuldades que surgiram quando tiveram de migrar de uma função técnica para a liderança. São profissionais generosos, que cederam o seu tempo e se entusiasmaram em compartilhar as próprias experiências e aprendizados de maneira a fazer este conteúdo ficar o mais próximo possível das necessidades dos estreantes.

Fiz perguntas não por curiosidade de conhecer a trajetória deles, mas para despertar neles a vontade de serem sócios do nosso objetivo de ajudar os novos ou potenciais líderes a aprender o básico e traçar uma linha de aprendizado contínuo. As histórias dessas pessoas me inspiraram a somar outros conhecimentos e criar um mapa para quem está na etapa inicial de liderança ou para quem ainda não ocupou essa posição, amortecendo o choque da transição e evitando um mau desempenho no novo papel.

Citando minha própria trajetória, vivenciei a primeira liderança em uma das maiores empresas do mundo e, depois, como consultora em várias organizações, ajudei na formação de líderes, acompanhando suas jornadas. Deles, já ouvi os mais diversos sentimentos e reações expressos em frases como:

— Como vou ser um bom líder se não tenho referências da minha liderança?

— Olho para o meu líder e não quero repetir o seu script, ignorando os liderados.

— Quero ser melhor, mas temo que os exemplos que tive colem em mim como uma música ruim dessas que você quer esquecer, mas tocam na sua cabeça o dia todo.

Desses, alguns permaneceram nas suas empresas; outros acabaram desistindo. Não disseram abertamente nas entrevistas de desligamento, mas depois confessaram que o principal motivo foi que, ao olharem para os seus líderes, não se inspiravam naquele modelo. Segundo uma pesquisa realizada pela consultoria de recrutamento Michael Page, a principal razão para colaboradores pedirem demissão ou sentirem-se desmotivados com a posição é a má atuação do líder.[3]

---

3 PESQUISA aponta que chefe ruim é o principal motivo para demissão. **It Forum**, 17 set. 2020. Disponível em: https://itforum.com.br/noticias/pesquisa-aponta-que-chefe-ruim-e-o-principal-motivo-para-demissao/. Acesso em: 4 jul. 2022.

Das minhas entrevistas, não apenas o líder em si como também até alguns princípios sobre liderança são questionáveis. Sempre ouvimos e repetimos que a liderança é seguida pelos seus liderados. Mas as novas gerações são mais irreverentes e, quando não admiram os líderes, criticam-nos e não os seguem como acontecia antes. Em vez de serem formados por esse líder, os jovens colaboradores não o reconhecem como referência e saem em busca de outra experiência.

Eles viveram uma realidade diferente e têm novos comportamentos, valores, desejos, enfim, um novo jeito de ver e viver a vida. Ainda que não possuam conhecimentos e experiências para liderar nos novos tempos, sabem que o mando e a obediência, o comando e o controle, e outras alavancas como essas, pertencem ao antigo poder e não são exemplos a serem seguidos.

Sua trajetória será construída para entregar bons resultados, sim, mas não apenas para enriquecer os acionistas. Vivemos uma era em que as respostas dependem de ação conjunta e colaboração efetiva, pois a dinâmica das mudanças é muito veloz e não dá tempo para aprender tudo e responder de maneira ágil ao que é exigido. O novo líder precisa conquistar a colaboração do time, pois o crachá não é mais garantia desse êxito.

Mudanças velozes e desafiadoras ativam cada vez mais a necessidade de bons líderes. As organizações não podem se dar ao luxo de contratar somente aqueles que estão prontos ou que apresentam habilidades naturais. A maioria deles precisa aprender e se dedicar a aperfeiçoá-las pela vida toda. Não dá mais para ser líder de "ouvido", como um pianista que toca sem partitura. Trata-se de uma missão muito delicada para ser deixada no automático. Afinal, a liderança é o fator que define e explica a maior parte daquilo que dá certo ou não. Entretanto, não se assuste. Dá trabalho, mas é possível aprender a liderar!

Se você está questionando sua capacidade de liderança neste novo momento, se não sabe se conquistará seus liderados em um trabalho colaborativo, se duvida de que conseguirá motivar todos em direção à busca por resultados e desenvolvimento: calma, você não está sozinho! Todos os líderes já passaram por isso e superaram esses e outros desafios. A seguir, apresento-lhe depoimentos e entrevistas[4] que mostram a angústia de uma primeira experiência que misturava a alegria pelo reconhecimento e a dor da descoberta de que não estava preparado. Vamos ver se você se identifica com alguma delas?

ALEGRIA E DOR AO RECEBER A NOTÍCIA DA LIDERANÇA

Marcelo foi um entrevistado que me impressionou por trazer tantos sentimentos sobre a sua jornada. Começou me contando de uma manhã de segunda-feira, quando aconteceu a reunião que havia sido agendada pelo seu gerente na sexta-feira anterior. Como o gestor não adiantou o assunto, ele não conseguiu relaxar sem saber se choveria ou cairia uma tempestade na segunda-feira. Será que o gerente não pensou no impacto de algo assim no seu fim de semana?

Os últimos minutos de espera, aquele frio na barriga que parece de 10 graus e sensação térmica de 4. Marcelo tentava aparentar tranquilidade, afinal, ele era um bom funcionário e já havia recebido vários reconhecimentos pelo seu trabalho. *Mas nunca se sabe*, pensava. Outros colegas, que também tinham bom desempenho, já se surpreenderam com as avaliações.

Enfim na frente do seu gerente, que falava alto, naquele tom de quem está com a bola, Marcelo aguardava para ver se poderia jogar e em qual posição:

— Vamos direto ao ponto, Marcelão. Você está sendo indicado para assumir a liderança do seu setor. Tenho recebido ótimas referências do seu trabalho, tanto na sua área quanto na dos setores

---

4 Em todos os relatos apresentados ao longo do livro, as identidades dos entrevistados foram preservadas para manter sua privacidade.

que você atende. Então resolvemos apostar em você! Espero que eu não me arrependa de dar o cargo a você, hein, rapaz! Quem é bom em uma posição tem que jogar bem nas outras. Mas nem sempre é assim.

Que jeito estranho de dar uma notícia boa, pensava ele. *Não sei se fico alegre ou assustado.* Ele realmente merecia aquela promoção e, assim que a alegria começou a ocupar um espaço maior, vieram várias indagações: *Será que serei eu a dar a notícia para a turma? Como vou falar para eles? Será que a notícia já saiu na rádio peão? Afinal, a área está sem um coordenador há um mês, desde que o anterior se desligou da empresa.*

Como seria? O que ele deveria fazer? Qual seria a reação do time? Então, resolveu ligar para um amigo que já ocupava uma posição semelhante na empresa. Contou para ele sobre a promoção e compartilhou sua ansiedade. O amigo começou a rir e perguntou:

— Cara, onde você pensa que trabalha? Bem-vindo ao mundo real! É assim que as coisas funcionam. Comigo não foi muito diferente. Recebi uma mensagem me notificando que substituiria o supervisor na semana seguinte. Ele tirou umas férias, e fui indicado para assumir o posto. Nas férias, ele pediu demissão, e eu continuo aqui até hoje. Ninguém me passou o bastão. Às vezes, ainda me sinto um substituto. O melhor agora é você mandar uma mensagem para a equipe e largar a notícia logo cedo. As redes sociais têm uma velocidade muito maior quando as notícias são desse tipo. E tem mais: você vai começar a ser cobrado mais rápido do que pensa. Então é bom já assumir com a galera, ainda que não seja do jeito que você esperava.

Imagine o estado emocional do Marcelo: feliz por ter sido reconhecido, portando expectativas de mais autonomia, com a sensação de que teria o poder necessário para resolver os problemas que tanto o incomodavam. Tudo seria perfeito se pudesse ser aceito e apoiado pelos ex-colegas, que se tornaram seus liderados. Havia muita expectativa de que a partir de então as coisas seriam muito diferentes.

Pela manhã, ele conseguiu reunir a equipe. Alguns o cumprimentaram e se colocaram dispostos a ajudá-lo naquilo que fosse preciso para continuarem fazendo um bom trabalho. Outros não falaram nada, e ele ficou sem saber se estavam assustados ou se não gostaram da notícia. A conversa foi por vídeo, e essa é uma situação que não combina com a distância. Para completar, nem todos abriram a câmara, e o fato de não ver os rostos o deixou ainda mais inseguro. Consolava-se pensando que, em breve, poderia conviver com eles presencialmente e, quando isso acontecesse, poderia reconstruir relacionamentos e desfazer possíveis rejeições de alguns colegas e pares.

NINGUÉM DÁ DESCONTO POR VOCÊ SER ESTREANTE

Outra experiência que me sensibilizou foi o estágio inicial da liderança de Ana. Engenheira formada em uma faculdade no interior de São Paulo, Ana sempre sonhou trabalhar em uma grande empresa. Há dois anos, realizou esse sonho, sentindo-se muito orgulhosa por trabalhar em uma área operacional e ser reconhecida como uma excelente profissional pelos seus colegas e pela liderança.

Pedi a ela que me desse alguns exemplos de sua atuação que teriam justificado a indicação como líder, o que a diferenciara dos demais colegas. Ela citou algumas melhorias bem interessantes para tornar as atividades mais inteligentes e menos dependentes da força humana.

Com a sua capacidade de relacionamento, Ana conseguia aprovar as suas ideias, receber o apoio dos colegas e, assim, destacou-se na área. Não demorou muito para que a empresa percebesse que ela precisava de um desafio maior. O líder tinha acabado de ser transferido para uma nova unidade, e Ana foi indicada para substituí-lo. A expectativa já existia, uma vez que o aproveitamento interno era uma prática comum na empresa.

Quando o profissional se destacava em sua área, tornava-se um forte candidato para assumir a liderança.

Feliz com a notícia, Ana comemorou muito a conquista, visualizando novas perspectivas e fazendo planos. *Agora, sim*, pensava ela, *vou poder aprovar com agilidade tudo aquilo que o meu antecessor demorava tanto. Vou poder tomar decisões. Vou poder selecionar os melhores profissionais para a equipe. Vou poder ter um orçamento para modernizar a área.* Embora seja muito estimulante, a expressão "vou poder" sustenta uma expectativa difícil de ser confirmada pela realidade.

Os sinais disso começaram a aparecer na primeira semana na nova função. Era a mesma área de trabalho, as mesmas pessoas, mas o crachá era outro. Agora ela era a líder. Logo percebeu mudanças no comportamento dos ex-colegas, que agora formavam a sua equipe. Eles estavam mesmo diferentes ou seria uma impressão dela? Não percebeu rejeição por parte deles. Pelo menos esse problema Ana não precisaria enfrentar. Ela sempre pedia ajuda, colaborava com eles e, durante os dois anos anteriores em que trabalhou ali, conseguiu se relacionar muito bem com eles. Mas estava certa de que a partir daquele momento teria um novo papel e não se sentia tão segura para desempenhá-lo.

Ana ficou pensando que seria muito bom se recebesse um papel com a descrição das tarefas que deveria realizar. Essa ideia a fez pensar em uma analogia. Ficou olhando fixamente para a mesa de trabalho e imaginando duas grandes folhas à sua frente: uma descrevia claramente as suas atividades até então, e ela estava tranquila por saber fazer bem tudo que ali estava descrito; a outra estava em branco. Esse pensamento a perturbou bastante. A partir de então, seria cobrada justamente pela folha em branco, e não mais por aquela que dominava. A folha em branco representava o desconhecido, e isso a amedrontava.

No fim do dia, Ana se encontrou com uma amiga que trabalhava em uma outra empresa e com a qual sempre trocava ideias sobre experiências profissionais. Aproveitando o encontro para desabafar, conversaram sobre as dificuldades comuns de virar a chave e assumir o papel de líder dos colegas. Elas tinham a mesma opinião de que poderiam aprender qualquer outro serviço, mas cuidar de pessoas era muito difícil. Sua amiga não amenizou. Falou com franqueza:

— Ana, prepare-se para muitos outros desafios, e também para uma agenda que transborda reuniões, caixa de mensagens repleta e ainda cobranças do seu superior. Ninguém vai dar desconto porque você é uma estreante. E outra coisa importante: suas boas relações de antes com todos a ajudaram na construção da confiança e do companheirismo, mas agora você precisa construir um novo tipo de relacionamento com os liderados, com seus pares e líderes.

A assertividade da amiga a deixou ainda mais preocupada. Pensando no futuro, Ana comparava a experiência anterior, de um trabalho dominado e um relacionamento maravilhoso com os colegas, com a de agora, mergulhada em algo complexo e com exigências muito diferentes. Conciliar a entrega de resultados com a gestão humana é algo que teria de aprender, ou então seria melhor desistir da nova posição.

NÃO PEDIR AJUDA AUMENTA O PROBLEMA E DIMINUI A LIDERANÇA

Foi mais ou menos à mesma conclusão que chegou Heitor, após três meses de uma sofrida experiência em um país desconhecido e de cultura bem diversa. Foi convocado às pressas para liderar um time em outro país, e lá foi ele debutar a sua liderança em um emaranhado de coisas desconhecidas: o país, a equipe e o ambiente empresarial. Eram pessoas que tinham uma cultura muito diferente daquela com a qual estava acostumado, condições árduas de trabalho, clientes duros e exigentes. O fato de ser um líder de primeira viagem não aliviava em nada.

Quanto mais percebia que os liderados estavam ávidos por orientação, mais ele se sentia inseguro e com medo de pedir suporte ao seu gerente no Brasil. Ele se comparava com um soldado que vai para a guerra, mas não tem a farda adequada; faltavam--lhe as armas e, aquelas que tinha, não sabia como usar; sentia-se como se estivesse em um tiroteio. O time reclamava de necessidades básicas não atendidas, que também eram sentidas por ele. Como ainda era um líder preso em si mesmo, sem perceber, tornou-se cúmplice das insatisfações do time e passou a reclamar junto deles.

Não conseguia fazer a transição do papel de colega para o de líder, estabelecer um novo tipo de relacionamento e conciliar empatia com autoridade para transmitir segurança ao time. O relacionamento com a equipe havia melhorado, porque estava como eles, comportando-se como vítima e se posicionando ao lado dos insatisfeitos. O caos estava instalado. Os resultados não apareciam, as atividades eram desmotivadoras, as pessoas estavam nervosas umas com as outras, e o cliente vivia insatisfeito.

Os fatores não eram apenas motivacionais. Heitor não dominava o trabalho e se sentia inseguro também tecnicamente. Ele não conseguia dar orientação claras ao time e era constrangedor a cada vez que a ele recorriam.

É a minha primeira liderança. Não posso deixar que os meus líderes no Brasil saibam que não domino plenamente este trabalho, pensava. O medo de o julgarem incompetente e das posteriores consequências o impedia de pedir ajuda, o que só piorava tudo.

Passados três meses, e vendo que a situação se agravava, pensou em mudar o jeito como estava fazendo as coisas. Ligou para um amigo, detalhou o que estava acontecendo e recebeu um conselho:

— Cara, você vai se dar mal se não colocar o chapéu de líder. Você precisa ter autoridade com a equipe e mostrar que é forte. Se eles perceberem fraqueza em você, aí que o resultado não vem.

Ele concordou que ainda estava se posicionando como um colega da turma e precisava ser visto como líder. Na tentativa de fazer esse resgate, começou a confundir autoridade com autoritarismo, sendo duro no tratamento, cobrando com firmeza e exigindo um esforço ainda maior de todos. O efeito foi ainda pior:

quando agia de igual para igual, a turma se sentia sem o direcionamento de uma liderança, mas eram acolhidos; quando apostou no autoritarismo, tinham um ex-colega que resolveu colocar o chapéu de chefe cruel.

Ele também estava infeliz e decidiu fazer o que já deveria ter feito: pedir ajuda à empresa, e não mais conselhos informais. Foi uma decisão acertada, mas demorada. A empresa enviou um colega com experiência técnica para orientá-lo na execução e tentar recuperar os prazos das entregas. Os resultados melhoraram, e eles conseguiram cumprir o contrato, porém as feridas da turma não cicatrizaram a tempo, culminando em vários pedidos de desligamento.

• •

Ao relatar as próprias experiências, os entrevistados visitaram momentos de aperto, de descobertas, erros e aprendizados, muitas vezes se emocionando ao relembrar os primeiros passos. Ficaram sensibilizados com o objetivo do livro, e se mostraram muito atenciosos e com vontade de ajudar, reconhecendo que ainda é comum que líderes assumam posições sem uma preparação adequada. Essas histórias me fizeram repensar também meus próprios desafios nessa transição.

Se a primeira liderança já é difícil, imagina uma mulher jovem liderar na década de 1980 uma equipe de elevado desempenho em uma das maiores empresas do mundo, formada predominantemente por homens engenheiros. Eu havia me mudado do interior de Minas Gerais para a capital e, quando conquistei esse emprego, me dispus a me dedicar ao máximo para que o meu desempenho fosse reconhecido. Busquei oportunidades de conhecer novas áreas, de participar de formações e treinamentos, montei grupos de estudo, e a oportunidade de crescimento veio como consequência alguns anos depois.

Naquele momento, vivi também o paradoxo da felicidade da primeira liderança e da angústia de não me sentir capaz de lidar com pessoas tão diversas. Foi a minha primeira experiência com a diversidade em seus aspectos mais amplos. Era uma mistura de profissionais de várias formações, vindos de várias áreas de trabalho, com idade e experiência de vida diversas.

O que predominava na hierarquia eram normas e rigidez. Os chefes dos escalões mais altos eram chamados de "doutor", pessoas do bem, mas formatadas pela cultura da época. Ser mulher e mais jovem pesava muito sobre os meus ombros. Aliás, ainda hoje toda pessoa que tem alguma característica que difere do grupo ao qual ela chega tem dificuldade para pertencer, exceto nos casos das empresas que investem em programas de diversidade e preparam líderes e funcionários para a inclusão. Muitas vezes, senti-me vulnerável diante dos meus pares, chefes e até da equipe. Para completar o quadro de "estranha na liderança", logo depois me tornei mãe de dois filhos e precisei conciliar a maternidade com os horários inflexíveis do trabalho.

O que me movia e não me deixava sentir o tempo passar eram os desafios. Mesmo em uma indústria tão normatizada, obtive gradualmente a confiança da liderança e conquistei a colaboração das pessoas, reunindo mais conhecimento e conquistando autonomia para experimentar muitas inovações.

Precisei aprender na prática diária tudo o que não sabia, superei muitos desafios, porque a verdade é que não somos preparados para a liderança. Mas quero ver você saltando esses obstáculos, então vou facilitar a sua vida e apresentar alguns caminhos que eu e tantos outros líderes tivemos de descobrir na pressão.

NÃO SOMOS PREPARADOS PARA LIDERAR

02

ntre todas as entrevistas feitas para identificar os principais problemas e desafios presentes na transição entre um cargo técnico e um de liderança, o sentimento mais recorrente foi o que resultou da difícil decisão entre o "sim" e o "não" ao receber a notícia da indicação. O conflito interno que os entrevistados vivenciaram misturava alegria, incerteza, insegurança quanto à própria capacidade de dar conta da responsabilidade, medo da rejeição e, sobretudo, a percepção de que não havia a opção de recusar. Parecia inevitável: aceitar ou ter o futuro comprometido.

A pergunta-chave que fiz para eles tinha o claro objetivo de identificar a conexão com o propósito da liderança: "Por que você aceitou a sua primeira liderança?". E as respostas foram sinceras e das mais variadas:

— Queria muito ser líder, mas não sabia com clareza o que era esperado de mim. Foi como assinar um contrato sem ler as letras miúdas.

— Era a única forma de crescer na empresa.

— Fiquei com medo de não aceitar e eles me colocarem na "geladeira".

— Precisava aumentar os meus rendimentos.

— Me senti muito prestigiado.

— Desde que cheguei na empresa, sonhei com essa posição.

— Queria ser o melhor naquilo que faço e ter qualidade de vida.

— Queria acelerar as minhas conquistas até os 40 anos, ganhando dinheiro e conquistando o mundo até onde a minha visão alcançasse.

— Sentia a necessidade de ser incluído, de ter voz e de ser reconhecido.

Não me cabe julgar a motivação de cada um. Somos movidos por necessidades, e a indicação para a liderança naquele momento estava satisfazendo aos indicados.

Entretanto, devemos considerar esses motivos como primários. Persistir neles e guiar-se meramente pela carreira, status, acréscimo na remuneração ou outros interesses, além de não promover evolução como líder, ainda poderá prejudicar as pessoas do seu time e a organização como um todo. Um líder focado nos próprios objetivos não consegue ver o potencial das pessoas e não tem motivação para estimulá-las. Porém, nem tudo está perdido. Embora tenha chegado lá pelos motivos errados, o líder poderá tomar consciência do seu novo papel e redirecionar-se para desenvolver as competências necessárias. Acompanhei essa evolução em muitos líderes, vi motivos pessoais se modificarem conforme percebiam que valia a pena investir tempo e dedicação nos liderados.

Um executivo do qual sou mentora me relatou que defendeu a indicação de um líder para uma área muito importante, pois ele era a pessoa que mais conhecia daquela atividade e de tudo o que se relacionava a ela. Passados seis meses à frente da área, o novo líder não estava apresentando um bom desempenho nos resultados, tampouco com a equipe. Apesar de feedbacks, suporte e novas oportunidades, ele não teve um bom desempenho e ainda gerou muita insatisfação em meio à equipe. Algumas pessoas manifestaram, na entrevista de desligamento, que não suportavam mais trabalhar com aquele líder. O executivo se sentia culpado por ter defendido a indicação do profissional e por ter chegado a uma situação de uma provável demissão.

Eu questionei: "Você acabou de relatar os seus motivos para indicá-lo, agora gostaria de saber quais foram os motivos dele para aceitar a liderança". Ele me disse que deu a chance à pessoa porque, por várias vezes, esse profissional sinalizou para a empresa o sonho de ser líder. Fiquei curiosa. Por que uma pessoa sonha tanto com essa posição e depois não conquista o seu lugar? Insisti na pergunta: "Você perguntou a ele quais eram os motivos dele?".

— Ah, ele pensava que, ao se tornar líder, teria mais pessoas para mandar executar as atividades de que não gostava e, assim, sobraria mais tempo para ele fazer outras coisas. Queria ter autonomia para não ficar dando satisfação para o chefe, queria progredir na carreira e ter direito aos bônus por resultados.

Enfim, tratava-se de mais um caso confirmando que, se o profissional aceitar a posição de liderança pelos motivos errados e não reformular seus objetivos, será malsucedido.

Os motivos certos é que transformarão a pessoa em um líder extraordinário! Dependem do quanto ele se dispõe a fazer os liderados desembrulharem as próprias potencialidades e conseguirem ser o que têm condições de ser. Se isso lhe dá prazer, ele não medirá esforços para sair da zona de domínio e aprender a ser um bom líder. É possível! Muitos aprenderam.

Agora, pare um pouco a leitura e reflita: quais são os seus motivos para ser líder? Estes são mais importantes do que a preparação. Até mesmo as pessoas formadas nas áreas humanas foram preparadas tecnicamente. Assim, continuamos a perceber as dificuldades dos novos líderes em todas as áreas: nos hospitais, principalmente com os médicos; dos diretores de escolas, que não sabem conduzir os conflitos da equipe; e em tantos outros casos. Pude confirmar essa situação também com alguns entrevistados.

Uma profissional, graduada em Psicologia e gerente de recursos humanos, recebeu a sua primeira liderança aos 32 anos, quando tinha três anos de casa. O choque foi imediato ao perceber que seus conhecimentos clínicos, adquiridos na faculdade e reforçados no estágio, não eram suficientes para responder às demandas da função. Ela me disse ter se sentido em uma bolha recheada de "eus": "eu preciso dar conta de tudo, eu tenho de me comunicar melhor com o meu líder para mostrar os meus resultados, eu preciso me esforçar para esconder as minhas vulnerabilidades, entre outras demandas que na época achava que tinha de entregar sozinha". Além de despreparada para a função de líder, não tinha o apoio do seu gerente, que também não era um exemplo de líder.

Segundo o escritor e consultor de negócios Ram Charan, a pessoa deixa de ser líder de si mesma quando assume a responsabilidade por uma equipe.[5] Mas o exemplo acima mostra que não basta receber uma equipe para liderar. A maioria dos líderes que participaram da pesquisa confessaram que permaneceram um bom tempo focados em si e nos resultados que tinham de entregar. Não é fácil desapegar de um lugar onde a pessoa tinha domínio, estava entre colegas e cuidava de si, para o desafio de cuidar dos outros e ainda sem saber como.

A lacuna na transição da carreira técnica para a liderança é uma queixa antiga dos líderes, promovidos por se destacarem nas áreas de trabalho como bons técnicos, mas se sentem despreparados para o novo cargo. Trata-se de um problema crônico que se repete ao se promover os funcionários com base na boa performance anterior, deixando de considerar o que será exigido deles nos novos papéis.

A prática de promoção interna em si é saudável, pois permite reconhecer pessoas engajadas, reter bons profissionais que vivem os valores e a cultura da empresa, além de evitar os custos de recrutar e adaptar um novo profissional. O que tem causado muitas perdas e dores tanto para o novo líder quanto para os

---

5 CHARAN, R.; DROTTER, S.; NOEL, J. **Pipeline de liderança**: o desenvolvimento de líderes como diferencial competitivo. Rio de Janeiro: Sextante, 2018.

liderados e para a organização é promover o profissional sem considerar as competências para lidar com as pessoas e os rituais da nova função.[6]

É comum que as organizações promovam o *onboarding* para os funcionários mas não para as lideranças. As pessoas entram sem uma preparação nas competências humanas e nos rituais básicos da liderança, podendo prejudicar a si mesmo e aos outros.

As habilidades de relacionamento determinam o sucesso do líder, que dependerá delas para se comunicar com o time, para interagir com seus pares, negociar com os clientes, entre tantas outras atividades. E isso não se aplica apenas ao novo líder. Estudos mais recentes, como os do professor Claudio Fernández-Aráoz,[7] citam a incompetência do líder em se relacionar como a causa principal do fracasso profissional de altos executivos recrutados por sua elevada inteligência e competências técnicas.

A liderança é um processo cujo aprendizado se estende por toda a vida se a dificuldade se manifestou no início da jornada e não foi tratada; se o executivo priorizou seu aperfeiçoamento técnico, mas manteve ou até intensificou os gargalos nas competências interpessoais, carregará essa deficiência por toda a carreira profissional, o que pode gerar um custo maior no futuro. Já ouvi algumas vezes frases como: "Ah, não vamos mexer com essa pessoa! É excelente no que faz, só não tem muito jeito com as pessoas".

Outro ponto a se considerar é que o aprendizado das competências humanas é mais demorado do que o das competências técnicas e, se não houver uma jornada contínua de desenvolvimento do profissional, ele pode passar muito tempo metendo os pés pelas mãos. Além do mais, as pessoas têm um tempo de

---

6 LENCIONI, P. **El motivo**: Por qué tantos líderes incumplen su principal responsabilidad (Narrativa empresarial). Espanha: Empresa Activa, 2021.

7 FERNÁNDEZ-ARÁOZ, C. **Não é como nem o que, mas quem**: saiba como se cercar dos melhores para ter sucesso. Rio de Janeiro: HSM, 2018.

aprendizado próprio, devido ao seu potencial mental e ao nível de interesse em se tornar um bom líder, de aprender as competências, de adotar e manter novos comportamentos etc. Pode ser um investimento demorado e, muitas vezes, a empresa não tem tempo para esperar pelo resultado.

SER OU NÃO SER LÍDER: A CORAGEM DE DIZER NÃO

Voltando à questão inicial do capítulo: como então responder "sim" ou "não" conscientemente para a posição de líder?

Nenhum dos líderes entrevistados pensou em negar o convite, embora alguns tenham confessado o medo de serem cobrados para desempenhar bem uma função para a qual não se sentiam preparados. Mas por que a maioria dos líderes se sente despreparada em sua primeira experiência?

Pesquisas realizadas pela Universidade Harvard, pela Carnegie Foundation e pelo Stanford Research Center[8] concluíram que as razões pelas quais uma pessoa é capaz de obter, manter e seguir em frente em um cargo são baseadas 15% em habilidades técnicas (*hard skills*) e 85% nas habilidades de relacionamentos (*soft/people skills*). Tais habilidades podem ser aprendidas, mas pesam muito para a nova liderança em seus meses iniciais, pois é apenas um entre o emaranhado de problemas com os quais ela pode se deparar. Vamos pormenorizar cada um deles a seguir.

---

[8] LIRA, A. Soft skills são 85% das habilidades para ser competente! Você sabia? **LinkedIn**, 31 jan. 2021. Disponível em: https://www.linkedin.com/pulse/5-soft-skills-s%C3%A3o-85-das-habilidades-para-ser-competente-lira/?originalSubdomain=pt. Acesso em: 8 ago. 2022.

Falhas na seleção	Aceitação pelos motivos errados	Expectativas não contratadas	Falta de protagonismo na preparação	Demora para virar a chave

Falhas na seleção

Ainda há muitas organizações que selecionam os líderes levando em conta apenas o conhecimento e o trabalho técnicos em sua área de atuação, como eu disse anteriormente. Entretanto, na liderança, grande parte das novas responsabilidades e atribuições a serem assumidas é dedicada às pessoas. Então por que o principal critério para indicar o líder ainda se concentra nas competências técnicas, operacionais ou comerciais?

Os argumentos são muito parecidos: "Fulano conhece tudo de equipamentos, vamos subir com ele". "Sicrano é um excelente vendedor, vamos colocá-lo na gerência comercial". Assim ocorrem os equívocos dentro das organizações. Claro que essas pessoas que detêm tantas competências técnicas também são elegíveis à liderança, porém terão de ser preparadas para se dedicar aos liderados e às pessoas com as quais se relacionarão na nova função.

Aceitação pelos motivos errados

Como vimos no início do capítulo, diversos são os motivos que levam um colaborador a aceitar a promoção para um cargo de liderança, e nem sempre essa motivação vai ao encontro do propósito da nova função, que é cuidar das pessoas e da equipe.

Ao assistir a uma aula do consultor Patrick Lencioni, me chamou a atenção o peso que ele dá aos motivos errados que levam as pessoas à liderança. Ele chega a ficar bravo ao defender que a liderança é um privilégio, e não uma recompensa. Se o motivo para aceitar o cargo for a recompensa, o aumento dos ganhos e dos privilégios, o status e poder, o profissional não será bem-sucedido, pois terá maior dificuldade para abstrair-se de si e alcançar os liderados ou ajudá-los a atingir os resultados esperados.

Em seu livro *The Motive*,[9] Lencioni enfatiza que a pessoa deve investigar os seus motivos para nunca aceitar uma liderança pelas razões erradas. O "por que" deve vir antes do "sim, eu aceito ser líder". É ele que faz o propósito emergir e faz a pessoa sentir que a missão de cuidar dos outros está acima das suas necessidades pessoais. O futuro líder não deve dizer "sim" enquanto não souber o porquê. Essa é a primeira causa que implicará no sucesso ou no fracasso da liderança.

O filme *Habemus Papam*, por exemplo, retrata os conflitos dos cardeais concentrados para escolher o novo papa. A consciência da responsabilidade que os espera nessa posição de liderança é tão forte que vários deles oravam para que não fossem eleitos. Após alguns dias e várias votações, a fumaça branca anuncia o sucesso da eleição, mas o papa eleito fica perplexo e foge do Vaticano. Após algumas experiências externas, retorna e confessa que não está pronto para a liderança. Renuncia, surpreendendo a todos. Mesmo sendo ficção, podemos sentir o significado da negativa, a começar pela expressão: "Eu compreendi que não sou capaz; funciono melhor como liderado do que como líder".[10] Compreender, isso vai além de conhecer, de ter as informações sobre o cargo; é necessária uma autoavaliação sincera.

Acredito que dificilmente um jovem diria não para a oportunidade de ser líder. Mas vamos considerar que os motivos primários precisam ser trabalhados, sob pena de ele ser um líder medíocre e não conseguir os resultados para se manter e evoluir. Os motivos certos são aqueles que fundamentam o papel verdadeiro e legítimo

---

9 LENCIONI, P. **The Motive**: why so many leaders abdicate their most important responsibilities. San Francisco: Jossey-Bass, 2020.

10 HABEMUS Papam. Direção: Nanni Moretti. Itália: 01 Distribution, 2012 (102 min).

do líder: deixar as ambições pessoais em segundo plano e focar nas pessoas que lidera. Sem a equipe, não haverá resultados sustentáveis, e os superiores do líder logo questionarão se fizeram a coisa certa colocando-o na posição.

Ouvi uma vez de um líder que um dos pontos positivos da crise pandêmica foi poder trabalhar à distância e não ter contato direto com as pessoas da equipe. Vendo o meu estranhamento, ele explicou que não tinha nada contra as pessoas, mas que trabalhar diretamente com elas é muito difícil, pois sempre trazem muitos problemas. Depois de uma longa conversa, eu o deixei reflexivo sobre algumas questões, até mesmo porque não encontrar presencialmente as pessoas não elimina os problemas; só os modifica. Pode ser que os problemas de relacionamento que antes ocorriam no trabalho tenham sido substituídos em razão da proximidade com a família; manter a saúde mental talvez tenha outros desafios; talvez o desenvolvimento tenha se descontinuado e por aí vai. Enfim, o líder não existe em função de um espaço físico. Seja nas instalações da empresa, seja em home office, é responsabilidade dele lidar com os colaboradores. Os problemas continuarão existindo e só piorarão se ele não os investigar e os resolver.

Pensar que a necessidade de autoestima só é atendida quando se é líder é coisa do passado. Os modelos antigos ofereciam a liderança como um ponto de evolução na carreira, o que era uma espécie de condenação, pois, se a pessoa não aceitasse a posição, era colocada na "geladeira".

Atualmente, as empresas já estão percebendo que a posição de liderança não pode ser uma recompensa, um degrau na carreira ou algo assim. Procure alternativas que mais se adéquem ao seu perfil e que lhe façam feliz. Como a carreira em Y, por exemplo, que foi desenhada para promover as pessoas como especialistas, respeitando a sua habilidade e vontade de evoluir nas áreas técnicas. Gostar de cuidar de pessoas deve ser o principal motivo para seguir rumo a um cargo de liderança. Uma liderança feliz contamina positivamente os liderados.

Expectativas não contratadas

A maior parte dos líderes afirma que precisaram descobrir a rota à medida que caminhavam. Não houve uma contratação de expectativas. É a tal da folha em branco que mencionei anteriormente.

Uma das entrevistadas relatou que as suas expectativas ao assumir a liderança eram máxima disposição dos ex-colegas em aceitá-la e colaborar com a nova liderança, que os pares a incluiriam imediatamente no núcleo, que o seu líder a orientaria com frequência, e que o início seria mais leve, sem grandes pressões. Não demorou muito para perceber que o esperado não condizia com a realidade.

Outra líder disse que a sua expectativa era de não precisar dar nenhum direcionamento, pois as pessoas já sabiam o que fazer, estavam ali há mais tempo e conheciam as atividades. Expectativa equivocada. Quando tudo corria conforme o esperado, ela era pouco demandada. Mas, quando ocorria algo anormal, eles a procuravam em busca de uma decisão, um apoio ou uma intermediação. Mudanças, melhorias, um projeto novo... tudo aquilo que sai da rotina cria insegurança, e a equipe precisa que a liderança esteja junto, mostrando serenidade. Pode ser que a situação seja de incerteza e que a liderança nem tenha ainda segurança para direcionar, mas estar próximo faz uma grande diferença.

É pesado para o novo líder atender a expectativas que não foram contratadas. Já ouvi a seguinte frase: "É muito estranho saber que continuo na mesma empresa e ter a sensação de viver uma realidade desconhecida".

Falta de protagonismo na preparação

A preparação do novo líder deveria ser um pré-requisito para assumir a posição, mas, na maioria das vezes, existe um cronograma geral de capacitação que nem sempre atende à necessidade da pessoa no tempo adequado.

Segundo uma pesquisa conduzida pelas consultorias LAB SSJ, Clave e Etalen,[11] apenas 14,5% dos gestores tiveram um treinamento formal antes de assumir a primeira posição gerencial. O estudo chama a atenção para o fato de as empresas investirem mais nos líderes seniores, embora atualmente o número de jovens seja bem superior. Além de desestimular o jovem líder, esse direcionamento dos recursos acaba representando a perda de uma grande oportunidade de gerar resultados para a organização. Pois, quando recebe treinamento, o líder se sente mais preparado para desempenhar o seu papel e se relacionar melhor com a equipe, que é quem de fato está produzindo os resultados. Quanto mais bem preparado esse líder estiver, mais condições ele terá para alcançar o sucesso, tanto para si quanto para a empresa.

• •

Marília sabia que a liderança chegaria rápido porque, pelo histórico da empresa, os colegas formados em curso superior não demoravam mais de três anos para ocupar a posição. Mesmo assim, não se sentia preparada quando chegou a sua vez. Hoje, ela reconhece que deveria ter sido mais proativa em vez de ficar aguardando que a empresa oferecesse alguma formação. A passividade no desenvolvimento é uma atitude que ainda persiste, pois, tradicionalmente, são as empresas que desenham as trilhas de liderança e promovem os treinamentos. Como as pessoas têm lacunas diferentes, ao assumirem o protagonismo do próprio desenvolvimento, adéquam os aprendizados às próprias

---

11 MAMONA, K. Mais de 85% dos novos gerentes têm dificuldades em desenvolver pessoas. **InfoMoney**, 24 abr. 2013. Disponível em: https://www.infomoney.com.br/carreira/mais-de-85-dos-novos-gerentes-tem-dificuldades-em-desenvolver-pessoas/. Acesso em: 8 ago. 2022.

necessidades e conseguem se preparar mais rápido. As formações programadas pela empresa podem ser apenas complementares.

Demora para virar a chave

"Fui promovida por conhecer bem as atividades da área, ter experiência e um desempenho bom e consistente. Cheguei ao fundo do poço pensando que tudo aquilo que construíra havia se apagado por não conseguir dominar as novas competências. Passei mais de um ano insegura, evitando conversas difíceis com as pessoas da minha equipe e adiando algumas decisões."

• •

Depoimentos como esse foram comuns nas minhas entrevistas. Em vez de buscarem aprender o que não sabem, alguns líderes entram em uma espécie de competição inconsciente com os membros da equipe. Quando alguém faz algo bom, desqualifica-o, refazendo o trabalho para mostrar como deveria ser feito.

É preciso virar a chave, buscar desenvolver-se na nova posição, e não ficar insistindo em ser melhor naquilo que já sabia fazer na posição antiga. Entendo que, por vezes, esse parece ser o caminho natural, uma vez que a pessoa se destacou na performance anterior, se sentia segura, elogiada, recompensada e, agora, é difícil se despedir desse lugar e começar algo que não domina e estar sujeita a críticas.

Sempre recomendo para os líderes que oriento: agradeça, dê adeus ao passado e assuma rapidamente o novo lugar. Uma das características muito necessárias ao novo líder é a coragem. Quanto antes você virar a chave, mais cedo estará em condições de tomar posse da sua trilha.

COMPREENDER, ISSO VAI ALÉM DE CONHECER, DE TER AS INFORMAÇÕES SOBRE O CARGO; É NECESSÁRIA UMA AUTOAVALIAÇÃO SINCERA.

TOME POSSE DA SUA TRILHA

03

C omo apresentei nos capítulos anteriores, as experiências dos líderes em suas estreias mostram dificuldades, expectativas, frustrações e inseguranças comuns a qualquer pessoa na posição de liderança. Você também se identificou com elas? A boa notícia é que, apesar das dores pelas quais passaram, a maioria conservou dentro de si a vontade de persistir e vencer. O "querer" clareia a consciência para que a liderança decida dizer "sim" e se disponha a transpor as dificuldades e persistir na caminhada. Ou dizer "não", se for o caso. Quem decide pelo sucesso sabe que precisa formar uma equipe que o ajude a alcançar resultados. Sem conquistas, a liderança não se sustenta; e, sem equipe, não há resultados.

O problema maior é que alguns deles não encontram dentro de si um "querer" que transcenda as dificuldades, mas ainda assim persistem na posição. Sem brilho nos olhos, com a saúde mental abalada e, muitas vezes, até sofrendo somatização, essas pessoas vão levando a liderança como uma sentença a ser paga. Tudo para ter algumas necessidades satisfeitas. Como líderes, não conseguem transmitir a motivação de que necessitam os liderados e, além de não os inspirar, ainda podem tirar daqueles que têm potencial a vontade de serem líderes no futuro. Constatei esse fato conversando com algumas pessoas que afirmaram não querer seguir a trilha da liderança, pois observam que seus líderes sofrem muito e demonstram que o sacrifício não compensa.

Por isso, antes de tomar posse de sua trilha, a nova liderança deve questionar o quanto quer realmente abstrair-se de si mesmo e se desenvolver para desenvolver os outros. Sem a força do "querer" ninguém se transforma em nada, muito menos em líder. Assim, dois movimentos são decisivos na trajetória da liderança: querer e, em seguida, assumir de fato a nova posição. Eu vou desenvolver cada um deles para que você encontre o melhor caminho a ser seguido.

PRIMEIRO MOVIMENTO: CONSCIÊNCIA DO "QUERER"

Você foi convidado a assumir uma liderança. E, embora a maioria das pessoas convocadas digam "sim" sem questionar, eu proponho que você responda a três perguntas essenciais:

- Quais são os motivos pelos quais você está aceitando a liderança?
- Você está disposto a abstrair-se de si para ajudar os outros a se desenvolver?
- Ficará feliz quando os membros da sua equipe brilharem?

Encontrei pouquíssimos líderes que responderam positivamente a essas perguntas. Um deles conheci de maneira muito curiosa. Durante a pandemia, aproveitei para vivenciar um pouco mais uma das minhas paixões, a gastronomia, não apenas degustando mas também fazendo alguns cursos de chefs que admiro.

Eu havia assistido ao filme *Pegando fogo* (2015) e me horrorizei com as atrocidades do chef que lutava de maneira obstinada para obter as estrelas Michelin, massacrando a própria vida e a das pessoas com quem trabalhava. Ele só se interessava pelo resultando e fazia os funcionários sofrerem e desistirem. Mas, depois de causar tanto sofrimento, ele descobre que, mais importante do que as estrelas Michelin pelas quais sacrificava tudo, eram as pessoas, estrelas vivas que faziam o restaurante brilhar. Assim, ele resgata a relação com o time, arrepende-se de ser aquele tipo de líder e deixa a conquista das estrelas acontecer como uma consequência natural de um trabalho em um clima saudável.

Ainda com essas reflexões na cabeça, assisti à entrevista do jovem chef Kaká Gomes na televisão e, curiosa, pesquisei mais sobre ele na internet. Em seu Instagram, vi o quanto esse jovem líder, que se define como multipotencial, respondia positivamente às três perguntas essenciais que coloquei acima. Chamou minha atenção um post em que diz que o seu maior desafio não era exatamente a arte e a criação dos pratos, mas mediação de "tretas", ser "coach de cozinheiro traído", adotar a comunicação não violenta entre a cozinha e o salão. É a arte de saber harmonizar as relações para não destemperar as comidas. No mesmo dia, propus entrevistá-lo.

Notei que havia legitimidade quando ele falou que o seu foco eram as pessoas, mostrando o quanto se sente feliz ao ver que algumas com quem trabalhou cresceram – valeu a pena ensiná-las e inspirá-las para agora vê-las brilhando. O líder selfie quer ver a luz em si mesmo, enquanto as pessoas ficam na penumbra; o líder legítimo ilumina as pessoas e vibra quando elas mostram a própria luz, ainda que decidam brilhar em outros lugares.

Ele comenta que o trabalho na cozinha é duro e exige que o chef, como é chamado o líder na gastronomia, seja alguém que goste de pessoas, pois os salários não são atraentes. Há uma discrepância muito grande; os cozinheiros e outros funcionários da cozinha estão, na maioria das vezes, nas duas primeiras necessidades de Maslow: fisiologia e segurança. Maslow estudou e pesquisou cinco necessidades humanas: as primárias, fisiológicas, que se relacionam à sobrevivência (comer, dormir, respirar, ter um salário e outras exigências trabalhistas); segurança (um lugar para morar, equipamentos de proteção, pagamento em dia, transparência das informações, treinamento, riscos mínimos, condições ambientais saudáveis, banheiro, cuidados com a saúde etc.). As três necessidades mais elevadas são motivacionais: pertencimento, autoestima e autorrealização. Todo ser humano deseja alcançar o último patamar da escala de necessidades, que é se autorrealizar e ser feliz. Porém, se as básicas estiverem com muitas lacunas, faltará impulso para chegar até as mais elevadas. A satisfação das duas primeiras não motiva e a ausência delas desmotiva. Lideranças que aprenderam a decifrar as necessidades da sua equipe e ter um plano vivo para atendê-las coletivamente se surpreendem com as melhorias dos resultados. A rotatividade de pessoal é elevada no setor de alimentos e bebidas e, embora reconheça a dificuldade dos empresários em pagar melhores salários e benefícios, a má gestão de pessoas é a principal causa de desistências. Em muitos lugares, ainda persiste a mentalidade de tratar as pessoas como máquinas, como nos tempos do taylorismo.

Por outro lado, há um sentimento de autoflagelo assumido entre os profissionais do setor, um certo orgulho por suportar o sofrimento de trabalhar jornadas intensas sob condições ruins, como o calor, equipamentos sofríveis etc. Eles acham que isso separa os fortes dos fracos, como uma prova de fogo. Os líderes mais antigos tendem a adotar posturas menos humanas, talvez por pensarem que, já que passaram pela fogueira, agora precisam chamuscar os outros para se provarem.

LÍDERES QUE PRATICAM O VELHO PODER SÃO FORNECEDORES DE TALENTO PARA A CONCORRÊNCIA

Infelizmente, isso não ocorre somente nos restaurantes. Há donos de empresas e executivos que ainda usam o velho poder, submetendo as pessoas a gritos, grosserias, humilhações e desrespeito. Diego, um dos novos líderes com quem conversei, conseguiu entrar na empresa dos seus sonhos e ainda ser indicado para a posição de liderança em apenas dois anos. Tudo ia bem com o trabalho e com o time, mas todo mês ele entrava em parafuso antes, durante e, às vezes, depois da reunião de resultados, um ritual em que todos os gerentes devem apresentar o status dos seus indicadores e respectivas análises, caso não estejam atingindo a meta.

Cada mês era um pesadelo. O diretor tinha uma espécie de convulsão nervosa, ficava completamente insano, gritando com os líderes que mostravam indicadores abaixo da meta e ações atrasadas, ou mesmo por discordar de algo que estava sendo apresentado. Esse comportamento era recorrente ainda que tivessem convidados na reunião. Aquele executivo conseguia transformar sonhos em pesadelos. Vários talentos promissores recrutados pela empresa desistiram de continuar lá e saíram para outras oportunidades. Diego entre eles.

Trouxe esse depoimento como um alerta aos novos líderes que poderão se deparar com um líder acima que fará de tudo para testar a sua capacidade de suportar a fogueira. Antes de desistir, é importante conhecer e ter coragem para usar os instrumentos que a empresa tem para lidar com essas atitudes inadequadas, tais como o *compliance*, avaliação 360 graus, Business Partner, profissional de recursos humanos, entre outros.

Líderes com essa mentalidade atuam contra a própria empresa que pensam estar defendendo. Eles dizem que estão lutando pelos resultados e pelo lucro, mas não conseguem fazer isso sozinhos e, com tais comportamentos, afastam quem pode aumentar os indicadores de produtividade, a qualidade, reduzir erros, acidentes e desperdícios e atrair clientes mais interessantes para o negócio.

As novas lideranças devem prestar atenção aos comportamentos dos líderes bem-sucedidos. Eles são gestores de pessoas, observam cada uma delas, ouvem-nas e trazem-nas para um campo de pertencimento, no qual todos têm prazer de obter os melhores resultados e comemorá-los em conjunto. Enquanto o líder selfie sofre por carregar tanto peso e sobrecarregar o ambiente, a liderança humanizada é leve e sabe como obter resultados sustentáveis.

• •

Nós podemos aprender até com esses seres estranhos. No caso da gastronomia, o chef Kaká aconselha aos seus liderados que aprendam apenas as técnicas, a autodisciplina e a paixão pela excelência com os grandes chefs que ainda rezam a cartilha antiga.

Ele propõe algumas lições úteis também para aqueles que não trabalham na gastronomia:

- **Tenha consciência do seu propósito**. Faça sempre as seguintes perguntas: "O mundo precisa daquilo que eu vou fazer? Qual a parte que a máquina não consegue fazer e na qual eu posso me diferenciar?". Assim você vai se sentir uma pessoa única, necessária por sua inteligência, sensibilidade e criatividade.
- **Estude**. Como líder, você não pode se limitar a fazer só aquilo que tem de fazer. Estude psicologia dos comportamentos, leia livros e busque conhecimentos sobre pessoas para aprender a praticar uma liderança mais humanizada.
- **Exercite a sensibilidade a partir da sua comunidade**. Clientes, colegas, pares, liderados, chefe ou amigos: entenda quais são as dores dessas pessoas, suas necessidades, e veja como você pode servir a essa comunidade. Não é porque você aprendeu apanhando que precisa ensinar batendo.

Para enfrentar os dragões, você deve ter um conhecimento profundo de pessoas – e não apenas das que lidera. Terá também de conhecer gestão, metas, planejamento, processos e indicadores e aperfeiçoar sempre a arte de fazer uma gestão inteligente. O chef Kaká pratica uma espécie de corrente do bem, ensinando miudinho o que ele faz de melhor para cinco pessoas e combinando que elas ensinem para as cinco mais próximas, entendendo que, assim, se multiplica a influência do bem.

A partir dessa conversa com Kaká, fiquei pensando que esses conhecimentos, aplicados de maneira constante, explicam por que alguns restaurantes quebram e outros prosperam. Em qualquer tipo de empresa, a técnica sempre está disponível. Cabe à liderança, desde os seus primeiros passos, estar sempre se aperfeiçoando e aprendendo a garimpar paixões.

SEGUNDO MOVIMENTO: ASSUMIR A DIREÇÃO

Uma vez feito o primeiro movimento de investigar o seu "querer" e a consistência do seu "sim", a pessoa poderá exercitar o segundo passo: assumir a direção do próprio desenvolvimento.

Reforço a recomendação: não espere que a organização ofereça o cardápio do seu desenvolvimento! Principalmente porque as pessoas têm necessidades diferentes em razão das suas experiências, da sua capacidade e velocidade de aprendizado, da disponibilidade de tempo, das dinâmicas de vida etc. Há organizações que passam até um ano estudando os requisitos, a forma, os conteúdos e as dinâmicas de funcionamento das trilhas do líder. Porém pode ocorrer que, quando entrarem em ação, o treinamento já não faça mais sentido, pois o contexto mudou e demanda outras abordagens – e muitas vezes até os líderes mudaram.

Ao assumir a direção da sua trilha, você passa a ser gestor do autodesenvolvimento, rompendo com a linha tradicional de aguardar que as iniciativas venham apenas da empresa. Quando você tem autonomia para gerir a sua jornada, movido pelo seu ritmo e sua visão de necessidade, o aprendizado é mais eficiente e aumenta muito a chance de você ser bem-sucedido, em um tempo menor e com menos sofrimento.

Isso não exclui a participação, caso exista, na trilha organizada pela empresa. A diferença é que, conhecendo melhor as suas necessidades, a pessoa poderá fazer a curadoria dos recursos disponíveis, adequando-os ao próprio ritmo e condições e explorando as potencialidades no seu tempo, e, assim, gerenciará a própria jornada.

É de extrema importância que você seja o protagonista da sua jornada profissional, definindo a trilha que deseja traçar rumo à satisfação pessoal. Por isso, ao ter a opção de seguir pelo caminho da liderança, é necessário querer e ter como principal propósito e motivação a busca pelo desenvolvimento dos outros, do seu time. E não apenas isso, mas assumir essa decisão e desenvolver-se todos os dias para se tornar o melhor líder para a sua equipe. E, para conseguir isso, o primeiro passo para o seu desenvolvimento é o autoconhecimento.

AUTOCONHECIMENTO

Deixe-me ir
Preciso andar
Vou por aí a procurar
Se alguém por mim perguntar
Diga que eu só vou voltar
Quando eu me encontrar.[12]

04

O autoconhecimento está aparecendo em tantas pautas que até parece recém-descoberto, fruto de alguma corrente nova dos estudos do comportamento. Entretanto, é um tema que vem desde os tempos de Sócrates, marcado pela famosa frase "Conhece-te a ti mesmo". Buscar conhecer a si de maneira profunda é essencial para entender seus objetivos e como alcançá-los; suas habilidades, para melhor explorá-las; suas fraquezas, para saber o que desenvolver; e seus limites, para aceitá-los. Mas, apesar de ter apresentado aqui de maneira direta, o autoconhecimento é um grande desafio, pois requer coragem para nos vermos como somos, e honestidade para reconhecer o que temos e o que não temos por dentro.

Hoje, mais do que nunca, as novas lideranças precisam aprofundar-se no conhecimento pessoal para lidar com a demanda contemporânea e preservar a saúde mental. Mudanças sempre aconteceram, mas nunca em uma velocidade tão vertiginosa e com impactos interdependentes. Na era das redes sociais e outros canais ágeis de comunicação, o poder de desencadear

---

12 PRECISO Me Encontrar. Intérprete: Zeca Pagodinho. *In*: MULTISHOW ao vivo 30 anos – Vida que segue. São Paulo: Universal Records, 2013.

transformações em tempo recorde pode vir de um evento, da fala de alguém influente, de uma rede social e, o que é pior, até de notícias falsas e de má-fé, como é o caso das *fake news*. Assim, a tomada de decisões na incerteza é cada vez mais comum.

Todos esses eventos são externos e impossíveis de serem controlados. O que podemos controlar, no entanto, é a maneira como reagimos a eles. Neste ponto o autoconhecimento é fundamental para evitar que a instabilidade e as incertezas externas ameacem a segurança psicológica e deixem você à deriva. Segundo Marilda Andrade, professora em Gestão de Negócios e Pessoas, "o primeiro passo é reconhecer as próprias inseguranças para superá-las. Só conseguimos lidar com esses medos internos se percebermos como somos influenciados por eles".[13] O papel do líder é comandar o time, desenvolver suas potencialidades, e não ser o motivo que gera mal-estar nas pessoas.

Nos tempos atuais, as pessoas também estão dando valor a outras necessidades, e a liderança precisa se adaptar a isso. Foi-se o tempo em que os colaboradores queriam um emprego estável com salário no fim do mês e benefícios. Está acontecendo um frenesi de trocas de emprego,[14] um quadro em que as pessoas, movidas por uma avalanche de expectativas crescentes e sem investir no autoconhecimento, buscam um lugar sem

---

13 AUTOCONHECIMENTO é essencial para uma boa liderança. **Insper Notícias**, 28 ago. 2018. Disponível em: https://www.insper.edu.br/noticias/autoconhecimento-e-essencial-para-uma-boa-lideranca/. Acesso em: 5 jul. 2022.

14 BRASIL bate recorde de pedidos de demissão em 12 meses, aponta pesquisa. **InfoMoney**, 1º jul. 2022. Disponível em: https://www.infomoney.com.br/minhas-financas/brasil-bate-recorde-de-pedidos-de-demissao-em-12-meses-aponta-pesquisa/?utm_source=thenewscc&utm_medium=email&utm_campaign=referral. Acesso em: 8 ago. 2022.

saber se ele trará satisfação. Elas querem um lugar acolhedor, humano, que respeite as individualidades, qualidade da liderança, colegas, ter onde crescer, e sem abrir mão daquilo que as fazem felizes em sua vida pessoal. Todos podem se sentir bem no trabalho.

Segundo o escritor mineiro Guimarães Rosa, a felicidade não está nem na saída nem na chegada, mas no meio da travessia. Como isso é verdadeiro! Há muitas formas de enriquecer as experiências das pessoas nessa travessia, e a liderança precisa se dar conta de que os colaboradores estão sob a sua responsabilidade, já que passam a maior parte do tempo no trabalho. E a travessia se dá no dia a dia, na convivência.

Além de investir no próprio autoconhecimento, o líder deve também incentivar os liderados a fazer o mesmo. Sem o autoconhecimento para entender o que valorizam e quais são seus propósitos pessoais, os indivíduos vão continuar buscando outra coisa que os faça feliz, em vez de dedicar-se à própria evolução para alcançar o máximo de seu potencial. O autoconhecimento promove a saúde mental, o que melhora o ambiente de trabalho e a produtividade da equipe, contribuindo para a redução da rotatividade de pessoal.

COMO DAR A LARGADA NO PROCESSO DE AUTOCONHECIMENTO?

Pode ser que com a promoção surjam pensamentos como: *se fui indicado pela empresa, é porque estou pronto para assumir; passei por várias avaliações de desempenho, fiquei bem posicionado no* nine box, *meu nome foi discutido no comitê de calibragem, não resta dúvida de que estou preparado para conduzir o time.* Cuidado, a realidade pode responder que não é bem assim!

Provavelmente a avaliação de desempenho foi um dos processos utilizados para a sua promoção. Ainda que bem elaborado e respaldado pela tecnologia, esse instrumento pode conter vieses de subjetivismo. A cultura brasileira é predominantemente baseada em relacionamentos, e nem todas as organizações trazem esse fator para a consciência das lideranças e fazem um trabalho de "descontaminação". Ainda há gestores que avaliam de maneira gloriosa as pessoas com quem mais se afinam e pesam a mão naquelas cujas características lhes desagradam. Mesmo que seja complementada pela autoavaliação, pode haver falhas dependendo do nível de autoconhecimento e confiança existente. Outro ponto é que a avaliação de desempenho verifica a performance do profissional naquilo que ele já faz e, às vezes, ignora o seu potencial para exercer o novo papel.

O *assessment* é um recurso valioso no processo de autoconhecimento da liderança. Existem vários modelos desse instrumento, mas todos têm o objetivo de identificar pontos que interferem na evolução do colaborador, tais como: principais motivações, preferências, valores, situações em que ele se vulnerabiliza, os pontos que precisam ser desenvolvidos etc. Há vários instrumentos que, apoiados por um profissional certificado, poderão gerar informações valiosas sobre os pontos de melhoria, os pontos fortes utilizados e aqueles que estão ocultos e podem ser potencializados. Alguns deles são:

- **DISC** (dominância, influência, estabilidade e conformidade ou cautela): criado pelo psicólogo estadunidense dr. William Moulton Marston,[15] no qual, por meio das respostas a um questionário, se identificam as principais tendências comportamentais de um indivíduo, o DISC pode ser utilizado tanto pela liderança, para o seu desenvolvimento, quanto para conhecer melhor os colaboradores e direcionar ações que impactem a performance deles.

---

15 O PAI do DISC. **DISC**. Disponível em: https://www.disc.com.br/william-moulton-marston-o-pai-do-disc/. Acesso em: 10 ago. 2022.

- **MBTI:**[16] criado pelas professoras Isabel Briggs Myers e Katharine Cook Briggs, baseia-se na teoria do psicanalista Carl G. Jung para informar sobre a energia das pessoas, constatando até dezesseis tipos de personalidade.
- **Hogan:**[17] desenvolvido pelo psicólogo estadunidense Robert Hogan, também é uma boa metodologia para avaliação da personalidade, motivações e valores.

O processo pode trazer algumas surpresas. Ana, uma das líderes aqui entrevistadas, relatou que utilizou uma ferramenta de *assessment*, mas se sentiu incomodada com a devolutiva, pois reconheceu que algumas informações estavam incorretas. Um dos pontos de atenção trazidos foi a impaciência para mediar conflitos. Ela estranhou, pois se achava muito competente nisso e era até elogiada pela habilidade. Quando havia algum conflito entre amigos ou mesmo na família, era ela quem tinha maior jogo de cintura para apaziguá-lo e facilitar o entendimento entre as partes. É nesse ponto que todos podem se enganar. As habilidades demonstradas em um contexto podem não se revelar em outros. A relação com os liderados envolve motivações, interesses, níveis de confiança que configuram outros tipos de conflito.

Portanto, as percepções que geramos nas outras pessoas podem ser diferentes daquilo que pensamos. Como existem muitas ferramentas no mercado, é recomendável que um especialista o ajude na escolha, na interpretação das informações e na utilização

---

16 BERSOT, K. Teste MBTI: qual desses 16 tipos de personalidade é o seu? **UNASP**. Disponível em: https://www.unasp.br/blog/teste-mbti-tipos-de-personalidade/. Acesso em: 10 ago. 2022.

17 O LADO brilhante da personalidade. **Ateliê RH**. Disponível em: https://hoganbrasil.com.br/hogan-assessments/inventario-hogan-de-personalidade/. Acesso em: 10 ago. 2022.

delas. Esse instrumento não pode ser tratado como uma curiosidade ou uma fonte de informações literais.

Há quem faça o *assessment*, ouça a devolutiva e guarde o relatório com as informações. Óbvio que isso não ajuda no autoconhecimento. As ferramentas são instrumentos que nos trazem pistas sobre nossas forças e pontos de melhoria que precisam ser desenvolvidos de acordo com os objetivos, mas, principalmente, devem ser uma motivação para investirmos em ações de mudança.

Mesmo com a ajuda de um profissional qualificado, as informações do *assessment* precisam ser compreendidas e fazer sentido para a pessoa avaliada. Enquanto não forem reconhecidas como legítimas, essas informações não serão consideradas no processo de autoconhecimento e, portanto, não contribuirão para o processo evolutivo.

Autoentrevista

Esse recurso permite uma autoavaliação e poderá guiá-lo na primeira etapa do seu processo de autoconhecimento. Ele o ajudará a se revelar em pontos cruciais, provocando insights de mudança de comportamentos e proximidade com a equipe.

Relembro aqui o filme *Habemus Papam*, que citei anteriormente, uma analogia que revela o quanto é útil nos darmos tempo para refletir sobre nossa motivação antes de aceitar uma liderança, ou mesmo após. Quando temos consciência daquilo que sustenta ou não nossos objetivos, temos mais condições de tomar a direção certa. Dessa forma, não nos permitirmos ser limitados, como ocorre muitas vezes, pela inconsciência.

Comprometa-se a dar respostas autênticas, que contribuam para uma autoanálise sincera e eficiente.

AUTOCONHECIMENTO **65**

MARQUE A FIGURA QUE MAIS REPRESENTA A SUA AUTOPERCEPÇÃO	INDICADORES E DESCRITIVOS DA AVALIAÇÃO
Inspiro a minha equipe com argumentos que demonstram a importância e "o porquê" das atividades e entregas.	**Propósito** A liderança é a voz que mais tem impacto na percepção das pessoas sobre "o porquê" do seu trabalho e da conexão com algo maior. As novas gerações se motivam por causas, paixão e ações significativas que transcendem o trabalho.

Várias evidências na linha do tempo comprovam a minha busca pela autorrealização.	**Autorrealização/Felicidade** Felicidade é uma construção intencional que fazemos por todo o tempo. Você tem planejado os eventos ou deixando acontecer? Líder feliz irradia para a equipe.

Identifico os talentos para desafiá-los e as pessoas que precisam de suporte para ajudá-las.	**Generosidade** Desenvolve as pessoas, vibra quando elas fazem bonito, elogia, reconhece e as inspira a ir além. O sucesso de outros não ameaça a liderança. Dá suporte para quem precisa melhorar.

MARQUE A FIGURA QUE MAIS REPRESENTA A SUA AUTOPERCEPÇÃO	INDICADORES E DESCRITIVOS DA AVALIAÇÃO
Não me sinto mal se não souber responder algumas perguntas ou dúvidas do time ou da liderança acima de mim.	**Humildade** Reconhece que ninguém é autossuficiente e que declarando as suas limitações, atrai a colaboração, cria proximidade e assim cresce junto com a equipe.
Mantenho o objetivo em foco e não desisto quando algo não dá certo para mim ou para a equipe.	**Determinação** Não espera um caminho sem erros, mas, uma trajetória de aprendizados. Analisa o erro e busca outros meios para alcançar o objetivo. Persistir ou desistir define a força de um líder.
Consigo perceber os meus gatilhos e ter autocontrole diante de situações em que me provocam.	**Autocontrole** Prontidão para gerir reações às mais diversas situações e conter os impulsos. Sem isso, não se resolve a questão e ainda gera arrependimento posterior. Perceber o sinal vermelho e ter consciência do seu estado mental.
Tenho conseguido ser imparcial e assertivo nas decisões, independentemente de ter afinidade ou não.	**Imparcialidade** A equidade e os critérios bem comunicados fundamentam as decisões e levam as pessoas a entenderem o teor de justiça, gerando credibilidade.

MARQUE A FIGURA QUE MAIS REPRESENTA A SUA AUTOPERCEPÇÃO	INDICADORES E DESCRITIVOS DA AVALIAÇÃO
Para gerir o meu tempo, foco as prioridades e executo mais de 80% das atividades planejadas.	**Gestão de tempo** Indica disciplina e controle sobre as prioridades. Fazer esse balanço lhe ajudará a readequar critérios para se tornar mais produtivo.

Tenho conseguido enfrentar crises e mudanças, mantendo a saúde mental e aprendendo com elas.	**Resiliência/Antifragilidade** Capacidade de aprender sobre o que ocorreu e não se limitar ao que era antes, mas se fortalecer para ser melhor e mais confiante para enfrentar as mudanças.

Mostro paciência e interesse para ouvir as pessoas procurando conhecer as suas necessidades.	**Escuta ativa** Prontidão para ouvir as pessoas, fazendo perguntas, mostrando com a postura corporal o interesse por aquilo que elas trazem. Ouvir as necessidades é uma forma preventiva de evitar o *turnover*.

Conheço e uso metodologias, fatos e dados na tomada de decisões.	**Gestão** Capacidade de decidir com clareza, evitando pressupostos e subjetividade. O líder deve estudar método de gestão, aprofundar em algumas ferramentas e tecnologias.

MARQUE A FIGURA QUE MAIS REPRESENTA A SUA AUTOPERCEPÇÃO	INDICADORES E DESCRITIVOS DA AVALIAÇÃO
Tenho agenda e priorizo o tempo para cuidar das pessoas da minha equipe.	**Cuidar das pessoas** Interesse genuíno por conhecer as pessoas, suas histórias, habilidades e sonhos. Antes de cuidar, saber quais as necessidades delas; antes de inspirar, saber os motivos que as movem.
De maneira geral, sou otimista e sempre acredito no sucesso daquilo que nos propomos a fazer.	**Otimismo** Habilidade de mostrar que confia nas pessoas. Trazer cases bem-sucedidos, vitórias já alcançadas, traz confiança para o time e impacta os resultados.
Com frequência, estimulo as pessoas a resolverem problemas e contribuir para a inovação.	**Atitude empreendedora** Garantir os processos existentes, mas também provocar soluções de problemas e soluções inovadoras. A inovação não acontece espontaneamente.
Cuido da minha saúde física e mental de forma disciplinada e consciente dos seus efeitos.	**Autocuidado/Saúde mental** Quem se cuida influencia positivamente a equipe, eleva a saúde mental fomentando a motivação e um clima positivo entre a liderança e a equipe.

AUTOCONHECIMENTO

MARQUE A FIGURA QUE MAIS REPRESENTA A SUA AUTOPERCEPÇÃO	INDICADORES E DESCRITIVOS DA AVALIAÇÃO
Invisto para ser um líder excelente hoje e no futuro (leituras, estudos, cursos, coach, mentor, referências).	**Autodesenvolvimento** Investir no próprio crescimento é obrigatório para o líder, ele é a principal fonte de conhecimento da equipe.

Estou feliz em trabalhar nesta empresa. Me sinto alinhado à sua cultura e quero fazer parte do futuro dela.	***Match* com a cultura** O orgulho em trabalhar na empresa, a conexão com o propósito e a prática dos valores, dá autenticidade para influenciar a motivação das pessoas e inspirá-las a crescer e ter planos para o futuro.

Tenho conseguido enfrentar as mudanças e pressões, amenizando a ansiedade e ajudando a equipe a se adaptar a novos modelos e caminhos.	**Adaptabilidade** A instabilidade e as mudanças que continuarão ocorrendo exigem que a nova liderança se adapte ao mundo BANI – *Brittle*: Fragilidade; *Ansioux*: ansiedade; *Nonlinear*: não linear e *Incomprehensible*: Incompreensível).

Exerço o papel de educador e estou sempre pronto para ensinar, orientar e tirar dúvidas da equipe. Quando não sei, providencio.	**Formação da equipe** Todo líder é uma espécie de professor, coach e mentor dos liderados. O desempenho deles depende desta escola. É preciso dar desafios constantes e suporte para ampliar as habilidades.

MARQUE A FIGURA QUE MAIS REPRESENTA A SUA AUTOPERCEPÇÃO	INDICADORES E DESCRITIVOS DA AVALIAÇÃO
Pratico a empatia com as pessoas na equipe sem contribuir para a vitimização.	**Empatia Compassiva** Sem apequenar a pessoa, ouvi-la com interesse genuíno, mostrando que a apoia e ativando as suas forças com perguntas abertas e palavras cuidadosas.

Comunico-me frequentemente com a equipe, não deixando espaço para insegurança e imaginação nociva ao clima.	**Comunicação** Para liderar sob o novo poder exercendo boas influências sobre o time é preciso se comunicar de forma frequente, verdadeira e de mão dupla. Um lugar excelente para se trabalhar é aquele que as pessoas sabem como ele funciona para terem confiança e se engajarem no propósito.

Dou feedbacks sinceros, constantes, com cuidado para não gerar medo nas pessoas. Peço, também, feedback.	**Confiança** Sem esta competência a liderança não avança. Investir em boas relações, combater o medo, ter coragem para dizer a verdade, dar feedbacks sinceros e promover conversas abertas entre todos.

Pratico e estimulo ações para o bem-estar das pessoas, cuidando para que percebam que são, de fato, incluídas e respeitadas.	**Promoção do bem-estar** As pessoas precisam perceber que todas elas importam e que há um interesse genuíno pelo seu bem-estar e desenvolvimento. Pessoas felizes são espontaneamente donos.

Para priorizar os pontos mais críticos e ampliar o seu autoconhecimento, selecione cinco ou seis itens de menor pontuação para desenvolvê-los. Nunca se deve selecionar muitos pontos, pois o exercício de autoconhecimento será permanente. Assim que concluir as melhorias priorizadas, faça uma reflexão daquilo que mudou e de sua evolução, revisando os itens e priorizando outros itens a serem melhorados.

Mais uma ferramenta que funciona muito bem nesses casos é a avaliação 360 graus, também utilizada para trazer percepções das pessoas envolvidas, comparando com uma autoavaliação. Na minha opinião, esse é o melhor instrumento para o desenvolvimento da liderança, desde que haja abertura, isenção e honestidade nas avaliações, pois a composição de todas as percepções permite ao líder uma visão holística da sua performance e do seu relacionamento interpessoal. Participei de algumas avaliações dessa modalidade que tinham a vantagem de serem anônimas, assegurando isenção e espontaneidade, mas o feedback era dado por uma consultoria externa, e não pela liderança. Essa maneira de conduzir não gerava compromisso com as mudanças, e ainda gerava a curiosidade para saber de quem foram as opiniões.

Esses são apenas alguns de vários instrumentos que podem ser utilizados para o desenvolvimento do autoconhecimento, e a liderança não precisa se especializar neles, mas é bom saber que existem e para que servem. Conhecer a função desses *assessments* ajudam na busca de profissionais qualificados que o auxiliará a escolher o método mais adequado aos seus objetivos. O que fará de fato a diferença será a análise conjunta dos resultados da avaliação, verificando o que faz sentido e priorizando os pontos que deverão ser trabalhados.

Quando a liderança estiver com maior maturidade e confiança na equipe, as duas partes poderão se avaliar e trabalhar conjuntamente pela melhoria da performance e do relacionamento.

DESIGN DA JORNADA

Após utilizar alguns dos instrumentos de autoconhecimento, seja um dos que recomendei ou outros, o novo líder poderá elaborar um design resumido da própria jornada, preparando-se para o novo trajeto e os objetivos que pretende alcançar através dele. O modelo a seguir é apenas uma sugestão e pode ser adaptado para que você avalie o seu progresso periodicamente.

Reflita sobre o design, pense na sua trajetória, entenda o que o impactou até agora e o que fará para o futuro. Este é mais um instrumento para a gestão do seu autodesenvolvimento.

CARACTERÍSTICAS
QUE LHES SÃO PRÓPRIAS

DESEJADAS

NÃO DESEJADAS

COMPETÊNCIAS

EXISTENTES

A DESENVOLVER

LÍDERES MODELOS

AÇÕES PRIORIZADAS

VALORES (NÃO ABRO MÃO)

SEREI UM LÍDER EXTRAORDINÁRIO SE:

Todos os instrumentos utilizados para a autoavaliação da performance e do comportamento mostram pontos específicos que são importantes na composição do plano de autodesenvolvimento dos líderes.

Separei alguns para falarmos nos próximos capítulos. Eles contribuirão para a jornada de liderança e serão úteis não apenas para os iniciantes mas também para todos aqueles que já entenderam que esse caminho demanda desenvolvimento contínuo. Vamos começar pelo desafio de transitar entre o novo e o velho poder.

LIDERAR ENTRE O VELHO E O NOVO PODER

05

Ainda que tenha aprendido com o velho poder, a nova liderança pode deixar para trás o que não funcionou bem e passar a falar um novo idioma. Embora tenha resistido muito ao longo de décadas, o velho poder vem perdendo sua força para um novo. Esse jeito mais humano de fazer as coisas traz resultados muito mais satisfatórios, é executado de uma maneira mais leve e não obriga as pessoas a sacrificar a saúde, a convivência com a família e os amigos e adiar os sonhos para depois da aposentadoria.

Segundo Bertrand Russell, poder é a capacidade de produzir efeitos desejados.[18] Se os efeitos que a liderança deseja produzir são resultados, e estes dependem das pessoas, o modo de conduzir as coisas pode gerar uma falsa sensação de poder. Conheci líderes ávidos pelo poder, mas que não praticavam o significado essencial da liderança. Era um poder de se sentir superior, com privilégios, paparicado, com direito a títulos e mordomias, de dar ordens às pessoas, muitas vezes com o tom da falta de respeito e sem dar satisfação pelas decisões. Durante muitos anos, esse

---

18 RUSSELL, B. **O poder**: uma nova análise social. São Paulo: Companhia Nacional, 1957.

velho poder teve ambiente favorável às suas características, porque as pessoas ainda admitiam o mando e a obediência e reverenciavam os seus líderes. Mas a era do "manda quem pode e obedece quem tem juízo" está com os dias contados, se é que ainda há alguma organização que aceita pagar o preço desse modelo.

O uso do poder deve ser consciente. Ainda que a pessoa esteja engajada no propósito, a vaidade é sedutora. Quem nunca ouviu um líder se referir de maneira possessiva aos seus liderados com frases do tipo: "Vou pedir ao **meu** time"; "Vou mandar um funcionário **meu** aí"; "Pode acertar com a **minha** estagiária"; etc.? Ninguém possui as pessoas, e o uso dessas expressões apresentam um lado arrogante da liderança. O antídoto é a humildade, a abertura para compartilhar e manter o sensor ligado o tempo todo, pois o poder é traiçoeiro. O poder da liderança está no conhecimento e não deve ser represado em si, deve ser partilhado a fim de empoderar os liderados.

• •

Lembra-se do Heitor, que quase foi ao fundo do poço na sua primeira experiência com um time infeliz, o cliente insatisfeito, as atividades em atraso e, como consequência, as entregas medíocres?

Ele não conseguia motivar os liderados porque os motivos que o levaram até lá estavam mais nele do que no time. A necessidade de mostrar o próprio valor, mostrar que realmente merecia estar ali como líder, era maior do que a motivação de executar o papel verdadeiro e legítimo da liderança.

Quando percebeu o foco excessivo em si mesmo, viu que estava deixando o espaço vazio e protagonizando o "líder selfie". Por não se sensibilizar com as pessoas da equipe, não as estimulava a fazer o mesmo com o cliente, e o reflexo de tudo isso foram resultados insatisfatórios.

É um paradoxo: o líder deseja tanto entregar resultados que não se dedica ao fator mais importante para alcançar o sucesso.

Ele mesmo começa a fazer, fazer, muitas vezes concorrendo com os liderados e deixando o espaço da liderança vazio.

••

Claro que não há nenhuma empresa em que apenas um dos dois poderes funciona; eles coexistem, ora em sinergia, ora em conflito. A nova liderança deve aprender a reconhecê-los para conscientemente evitar repetir o que não trará resultados nem para si, nem para as outras pessoas e, muito menos, para a empresa. Para auxiliar você a identificar a influência dos dois, observe o infográfico a seguir, desenvolvido com base no livro *O novo poder*, de Henry Timms e Jeremy Heimans.[19]

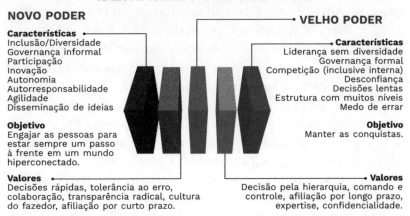

IDENTIFICANDO O TIPO DE PODER

NOVO PODER
Características
Inclusão/Diversidade
Governança informal
Participação
Inovação
Autonomia
Autorresponsabilidade
Agilidade
Disseminação de ideias

Objetivo
Engajar as pessoas para estar sempre um passo à frente em um mundo hiperconectado.

Valores
Decisões rápidas, tolerância ao erro, colaboração, transparência radical, cultura do fazedor, afiliação por curto prazo.

VELHO PODER
Características
Liderança sem diversidade
Governança formal
Competição (inclusive interna)
Desconfiança
Decisões lentas
Estrutura com muitos níveis
Medo de errar

Objetivo
Manter as conquistas.

Valores
Decisão pela hierarquia, comando e controle, afiliação por longo prazo, expertise, confidencialidade.

O carro-chefe do novo poder, como você já deve ter inferido, é a influência; lidar com os outros de maneira a influenciá-los, mas sem controlá-los. As redes sociais mostram que não há idade nem

---

[19] TIMMS, H.; HEIMANS, J. **O novo poder**: como disseminar ideias, engajar pessoas e estar sempre um passo à frente em um mundo hiperconectado. Rio de Janeiro: Intrínseca, 2018.

distância que impeça as pessoas de se tornarem influenciadores. O fácil acesso à internet tem democratizado o novo poder de um modo cada vez mais surpreendente. As pessoas se mobilizam nos grupos de afinidade e conseguem defender causas, reverter decisões, destituir líderes no setor público e privado, como casos de impeachment de governantes e troca de CEOs.

Ao exporem suas histórias, as pessoas gradativamente desenham um perfil que encontrará afinidades ou rejeições, um cartão de apresentação aberto e também um canal de avaliação informal. Esse passou a ser o instrumento de contratação, de avaliação e de categorização. Mais do que nunca, a ética se tornou obrigatória para que a nova liderança lide com o novo poder que se desenha fortemente pela influência.

Portanto, para entender e transitar de maneira ética e adequada no novo, é necessário se aprofundar no seu principal fator: a influência. Até mesmo de modo inconsciente, a liderança exerce influência nos liderados. Isso exige conhecimento e sensibilidade para criar relacionamentos confiáveis e sinceros com a equipe, os pares e os líderes. A capacidade do líder de influenciar é uma competência determinante para o engajamento das pessoas que estão à volta dele. O fato de a pessoa ser indicada para a posição de liderança não faz dela uma líder. É necessário conquistar a sua legitimidade. Se tentar usar a autoridade formal, atrasará todo o processo de crescimento, pois ela não é mais uma fonte de influência sustentável.

Em um curso com o professor Robert Cialdini, autor do livro *As armas da persuasão*,[20] aprofundei meus conhecimentos nos seis princípios da influência que serão apresentados a você junto com uma reflexão sobre cada um deles. Tais reflexões são fundamentais para o aprendizado da nova liderança. Reforço ainda que toda ferramenta requer rigor ético para que não seja utilizada

---

20 CIALDINI, R. **As armas da persuasão**: como influenciar e não se deixar influenciar. Rio de Janeiro: Sextante, 2012.

para manipular, e sim influenciar; ressalva que se aplica a tudo, pois são os valores que definem a positividade da utilização da inteligência e de tudo que vem dela.

1. PRINCÍPIO DA RECIPROCIDADE

A reciprocidade é a vontade de retribuir algo que nos é oferecido, seja um convite para uma festa, um jantar, um presente ou mesmo uma gentileza. É uma sensação de dívida com o outro. Lembro que, nos anos 1980, a expressão "gentileza gera gentileza" se popularizou no Rio de Janeiro por ter sido pintada no viaduto e espalhada por um cidadão que ficou conhecido como Profeta Gentileza, inspirando muitos artistas, como Marisa Monte.

• •

Ao comentar o tema em um curso, um líder que atua na construção civil nos contou a sua experiência ao instituir a folga no dia do aniversário dos funcionários. Ele não imaginava o quanto isso impactaria a motivação de todos. A reciprocidade aconteceu de várias maneiras, mas uma que se destacou foi a mudança do ânimo para estender a jornada em épocas de pico – o que, mesmo com a remuneração extra, era difícil. Após o presente de aniversário, os colaboradores passaram a não se importar mais quando precisavam estender um pouco o horário de trabalho para recuperar algum atraso.

O mesmo líder também nos contou que adotou uma maneira de interagir com eles que é bem diferente da utilizada pelo profissional que ele substituiu. Ao chegar à obra, cumprimenta os colaboradores, pergunta como estão, abre espaço para contarem algo com segurança ou mesmo pergunta: "Como podemos ter orgulho do nosso dia hoje?". E eles retribuem com ideias interessantes, com humor e mais energia. É recíproco e, assim, líder e liderados ficam bem.

E o que ele faz para engajar, influenciar? Além de cumprimentar as pessoas, que é da boa educação, se interessa pelos assuntos que elas trazem, conversa sobre as suas percepções em relação ao que está acontecendo na empresa, o que pensam do futuro etc. Como retribuição, a rotatividade de pessoal caiu sensivelmente, as anomalias ficaram menos frequentes e o clima entre eles passou a ser bem mais leve.

• •

Esse líder, ao promover o bem-estar de todos, atenuou as tarefas mais cansativas, dando suavidade ao ambiente e influenciando o humor da equipe. Esse exemplo nos mostra que a nova liderança pode utilizar o princípio da reciprocidade de maneira honesta, sem manipulações, pois, cedo ou tarde, o manipulador é descoberto e as reações são traumáticas.

É muito importante saber cultivar relações. Se você é daquele tipo de pessoa que não interage, nem no LinkedIn, e de repente aparece pedindo um favor, uma indicação, acaba não tendo crédito. Faça também a sua parte: relacionamentos são uma via de mão dupla. Uma maneira muito generosa de fazer isso é partilhando os seus conhecimentos e experiências com pessoas mais inexperientes. Pense no futuro e cultive relacionamentos no presente.

2. PRINCÍPIO DO COMPROMISSO E DA COERÊNCIA

Vejo líderes desesperados porque combinam algumas mudanças e, quando vão verificar, constatam que o processo continua sendo feito como antes.

Certa vez, eu estava dando consultoria para uma empresa em que o *sponsor* era estreante. Ele estava se sentindo frustrado por não conseguir que os líderes se comprometessem com as ações que eles próprios ajudaram a colocar no plano. Combinamos que eles apresentariam o status do plano nas reuniões com a diretoria e, caso as ações não estivessem sendo implantadas, seriam questionados quanto à coerência do compromisso. O primeiro gerente a apresentar o status do plano mostrou que apenas 30% das ações foram concluídas no prazo. A diretoria, orientada a analisar a coerência das ações, fez várias perguntas e, quando viu que a maioria das respostas eram desculpas para fugir da responsabilidade, fez uma preleção que gerou um silêncio pesado na sala:

— Me lembro de que, quando validamos os planos, perguntei a todos aqui presentes: "Vocês estão de acordo com essas metas? As ações são essas mesmo? Podemos tocar o plano?". Todos responderam que sim ou ficaram em silêncio. Gente, é muito importante para a nossa maturidade de gestão que vocês falem. Quem não concorda pode me mostrar o seu ponto e não nos deixar pensando que está comprometido e depois se comportar de maneira incoerente. Estamos abertos a debater os contrapontos. Mas, depois de combinado, vamos nos comprometer e executar as ações.

É uma conversa difícil, mas, ao constatar a incoerência em relação a um compromisso, não atribua o fato à sua condição de novato, pois ocorre também com os mais experientes. É necessário se posicionar para que não se instale no time o conforto de que é aceitável ser incoerente com o compromisso assumido.

Em uma das cartas de Jeff Bezos, fundador da Amazon, ele afirma que, mesmo quando não concorda com a ideia, respeita a decisão do time: "Eu discordo e me comprometo...". Há os que dizem sim e não se comprometem, assim como os que ficam em silêncio. Para construir credibilidade, seja coerente com o compromisso e eduque a sua equipe para ser assim também.[21]

3. PRINCÍPIO DA APROVAÇÃO SOCIAL

Sempre que meu marido e eu vamos a um restaurante desconhecido, me lembro desse ponto ao vê-lo perguntando ao garçom qual é o prato mais pedido. Quando buscamos um produto ou serviço, olhamos a lista dos mais vendidos ou dos mais bem

---

21 ANDERSON, S. **As cartas de Bezos**: 14 princípios para crescer como a Amazon. Rio de Janeiro: Sextante, 2020.

avaliados. Quando não estamos certos da escolha, queremos saber o que os outros estão fazendo ou fizeram.

Como a liderança pode utilizar esse princípio para engajar de maneira ética? Identificando e reconhecendo publicamente quem apresentou comportamentos que mais representam os valores da empresa, quem obteve uma performance admirável, pedindo que as pessoas mais respeitadas pelos colaboradores conduzam projetos especiais, entre outras práticas que utilizem de maneira consciente a aprovação social.

4. PRINCÍPIO DA AFINIDADE

Estava ajudando um novo líder a avaliar os seus papéis e atribuições e, ao me falar sobre como estava desenvolvendo os líderes sob sua responsabilidade, chamou minha atenção o fato de ele se referir a apenas uma pessoa do time. Perguntei se havia somente um líder sendo formado por ele, ao que me respondeu, muito espontaneamente: "É porque é com quem tenho mais afinidade. Ele é tão parecido comigo nas ideias que muitas vezes não preciso nem explicar, ele já entende e desenvolve o assunto como se fosse eu".

Naturalmente, queremos por perto pessoas com as quais temos afinidade, porque nos faz bem ficar perto delas, é a nossa zona de conforto. Mas é aí que o líder ainda em formação pode escorregar, pois sua necessidade de inclusão pode levá-lo a buscar pessoas por afinidade e privilegiá-las com proximidade, deixando os demais de lado.

É necessário gerenciar essa condição e tornar a tendência natural benéfica às suas relações com todos os liderados, sem perder o foco em sua função.

Não se pode fingir afinidade, mas é possível gerá-la. Como?

Ninguém descobre afinidade sem conhecer as pessoas. Então, o caminho é simples. Comece com vontade e determinação de conhecer a equipe com quem trabalha, seus dons, suas motivações, seus sonhos, o que mais valoriza, gostos pessoais, hobbies etc. Nesse movimento, você encontrará algumas coisas em comum, como: "eu também estudei em escola pública, também gosto de corridas de rua, também tenho cachorro, também cultivo orquídeas, também gosto de cozinhar". Depois de identificar e conversar sobre alguns "tambéns", vocês terão descoberto pontos de afinidade.

O líder ao qual me referi fez uma agenda para conversar com todos os integrantes da equipe e depois me contou que valeu muito a pena conhecer melhor aquelas pessoas. Havia muitas habilidades que ele não utilizava no time porque as desconhecia. A partir do momento em que as pessoas começaram a se revelar, o nível de abertura e confiança entre líder e liderados também foi ampliado.

A tendência natural é explorar a afinidade facilmente revelada, mas a liderança extraordinária desbrava a afinidade oculta, conhecendo cada um da sua equipe, a fim de se relacionar melhor, elogiar sinceramente e criar oportunidades para que os colaboradores utilizem melhor seus dons e suas habilidades. Dá trabalho? Sim, porque as coisas que nos incomodam logo aparecem, e a afinidade tem de ser garimpada. Liderança é um exercício consciente; não podemos esperar que aconteça de modo espontâneo.

5. PRINCÍPIO DA AUTORIDADE

Quando fui convidada a ser sênior *advisor* na Falconi, senti orgulho e, ao mesmo tempo, um peso enorme em ser apresentada como autoridade em determinados temas. No campo da gestão, costumamos definir autoridade como a autonomia que se tem sobre os meios para responder sobre os fins, que são os resultados. Mas, quando nos referimos à autoridade no campo da influência, significa que somos reconhecidos por competências e seremos orientadores e influenciaremos pessoas a nos seguir.

Alguém que era autoridade em sua área técnica e passa a ocupar a posição de liderança deverá se dedicar a adquirir as novas competências para obter credibilidade na função atual.

A autoridade é uma conquista planejada e buscada diariamente por meio de habilidades demandadas pelas pessoas com as quais interagimos.

O reconhecimento da autoridade não se restringe à equipe; passa pelos pares, lideranças, clientes e extrapola a empresa. Alguns indicadores que mostram que a pessoa está se tornando uma autoridade é quando é convidada por colaboradores a ser orientador ou mentor; é solicitada a aconselhar colegas; participar de algum comitê da empresa; recebe convites para palestras, lives, artigos etc.

6. PRINCÍPIO DA ESCASSEZ

Esse princípio é muito conhecido nos meios do marketing, mas, com criatividade, podemos exercitá-lo na liderança. É natural o ser humano ter prazer em conquistar aquilo que não está tão disponível, que é raro.

Estava trabalhando com uma pessoa que ouviu um feedback vindo da pesquisa de satisfação sobre a ausência de reconhecimento aos colaboradores. Ele acreditava que trabalhar bem era obrigação e não via necessidade de reconhecer as pessoas por isso. Incomodado por saber que um índice elevado de pessoas tinha se manifestado insatisfeitas, ele reverteu o comportamento da pior forma. Passou a dar reconhecimento em abundância, sem a preocupação de associá-lo aos méritos. O excesso de elogios, mensagens de agradecimento e outras manifestações banalizaram o reconhecimento e as pessoas começaram a comentar com desdém que o líder só estava fazendo política para ficar bem na pesquisa de satisfação. Reconhecimento não é doação, e sim resposta a uma conquista. As pessoas percebem se não há verdade no processo.

Como utilizar bem o princípio da escassez para estimular as pessoas a fazer jus ao reconhecimento? Praticando de maneira legítima, pois, ao verem que um colega foi reconhecido, elas validam o "porquê", entendem que a pessoa destacada fez por merecer, o que as estimula a buscar esse lugar importante.

Há outras oportunidades que podem ser utilizadas para o crescimento das pessoas e para despertar aquele sentimento de "não posso perder essa". Desde cedo, a liderança pode mapeá-las e comunicar à equipe de modo a deixar claro que não se trata de disputa. Exemplos: alavancar carreira, cursos especiais, evento tentador, um projeto de destaque. O princípio da escassez não é para ser usado como estímulo à disputa, e sim à conquista.

FAZENDO A CURADORIA ENTRE O VELHO E O NOVO PODER

06

Se a nova liderança começar querendo mudar tudo, perderá a oportunidade de construir engajamento para cumprir bem a sua função. Em um primeiro passo, opte por não praticar algo que possa alienar as pessoas e impedi-las de sentirem pertencimento. Um exemplo: a motivação do velho poder para aprender a lidar com as pessoas era controlá-las e fazê-las produzir o máximo. Como os gestores passaram décadas sendo cobrados e avaliados pelo cumprimento de metas, não conseguiam ver que poderiam alcançá-las, e muitas vezes superá-las, se procurassem entender melhor as necessidades do time. A Great Place to Work,[22] consultoria que avalia e apresenta anualmente um ranking das melhores empresas para se trabalhar, vem comprovando desde a década de 1980 o impacto positivo, nos resultados, das políticas e práticas que as lideranças implementam visando aos colaboradores. Ou seja, quando as pessoas são colocadas no centro do negócio, toda a roda gira positivamente.

No paradigma do velho poder, o gestor vê os funcionários como um recurso; humano, mas um recurso. Ao avaliar o desempenho deles, analisa apenas o que a pessoa entrega, com ênfase nas falhas. Ao adotar os paradigmas do novo poder, a liderança,

---

22 GREAT Place to Work. Disponível em: https://gptw.com.br/.

por outro lado, não foca em controle e avaliação, mas tampouco deixa os colaboradores soltos para ver quem vai ter bom desempenho; ela busca um equilíbrio entre orientar e dar autonomia, e vai aprendendo enquanto as pessoas se desenvolvem. É necessária uma gestão sistêmica do crescimento de todos.

CÍRCULO SISTÊMICO DE DESENVOLVIMENTO DAS PESSOAS

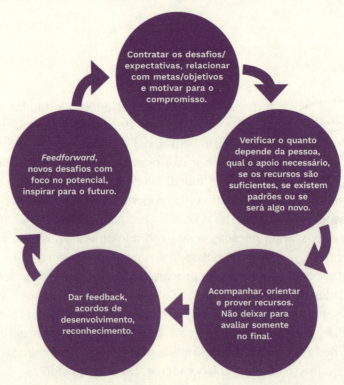

No velho poder, a maior parte das atividades de desenvolvimento de pessoas ficam sob a responsabilidade do departamento de Recursos Humanos. Há ainda quem pensa assim e continua apenas passando tarefas ou julgando quem faz certo ou errado. Tudo muda quando o modelo mental da liderança projeta as pessoas ao centro. O foco não é nas entregas passadas, nem do desempenho presente, mas nos indivíduos como um todo, identificando as suas necessidades, o que os fazem felizes, o que os incomodam, suas possibilidades futuras, o seu potencial. Essa é a chave do novo poder. Embora o círculo acima tenha várias etapas, vamos direcionar nossa atenção para desafio, feedback e *feedforward*.

DESAFIO

O líder deve estar consciente da sua função primordial: desenvolver pessoas. Porém, é lógico que isso não será possível se elas continuarem realizando atividades com o conhecimento que já possuem. A largada do desenvolvimento é o desafio. É por meio dele que a pessoa sai da zona de domínio e sente a necessidade de aprender uma nova habilidade.

Segundo o psicólogo húngaro Mihaly Csikszentmihalyi, criador da Teoria do Estado de Fluxo, o desafio é algo que altera o estado mental das pessoas, despertando motivação. Ele cria um motivo para que algo seja alcançado e ativa a necessidade de melhorar ou aprender uma nova habilidade para atingir a meta. A teoria é representada no diagrama a seguir:[23]

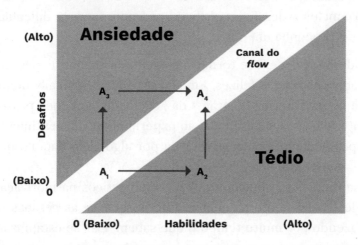

---

[23] CSIKSZENTMIHALYI, M. **Flow**: a psicologia do alto desempenho e da felicidade. Rio de Janeiro: Objetiva, 2020.

A figura mostra o canal de *flow*, aquilo que faz uma pessoa se sentir realizada, motivada para agir. Se o desafio é muito alto em relação às suas habilidades, cria-se um quadro de ansiedade ou estresse; se for muito aquém, a situação será de tédio ou acomodação.

Para utilizar o desafio como um tônico para o crescimento, promova o seguinte:

- Conheça cada pessoa com quem você trabalha (além da obviedade do currículo).
- Desafie-a sempre um pouco além do domínio atual.
- Dê suporte para que ela aprenda fazendo. Tire dúvidas, organize orientações, cuide para que ela não se estresse. Porém, não exagere no acompanhamento, pois pode dar a impressão de desconfiança ou de controle.
- Exagere nas perguntas, pois elas funcionam como verdadeiras chaves para abrir cabeças; para a rotina, há os padrões. Para os desafios, as descobertas.
- Ao concluir o desafio, reconheça, pergunte sobre as dificuldades e proponha um novo.

A liderança poderá se tornar um agente formador de pessoas motivadas, capazes e felizes. Em seu livro *Flow*, Myihally denomina a figura anterior Diagrama da Felicidade, pois toda pessoa se sente feliz ao ser desafiada, ao experimentar um sentimento de importância ou de ser apreciada por algo além daquilo que já havia mostrado.

Essa dinâmica propicia resultados fantásticos na motivação e no desenvolvimento da equipe. Isso porque, se as pessoas ficam fazendo por muito tempo o que sabem, elas se estabilizam e começam a se tornar resistentes a mudanças e inovações. O desafio cria movimento e prontidão. Desafio cria perguntas e gera pesquisas. Afinal, fazer o que já se domina não é desafio, mas para fazer o que não se sabe ainda é necessário descoberta e desenvolvimento de uma nova habilidade.

FEEDBACK: O "PORQUÊ" VEM PRIMEIRO

Embora seja um processo antigo e, na maioria das vezes, desconfortável tanto para liderança quanto para colaboradores, se o objetivo estiver em mente, o feedback será bem compreendido e se reverterá em ações de melhoria e desenvolvimento. O que o torna difícil é a sua dependência de condições essenciais que o antecedam, como clareza sobre o que se espera das pessoas, capacitação, orientação, proximidade, atitudes geradoras de confiança e segurança (para que não tenham medo de errar ou fazer diferente), além de uma comunicação aberta. Só com esses requisitos a prática do feedback tem o seu lugar.

O escritor estadunidense Stephen Covey, que nos ajudou a entender os princípios essenciais da liderança em seu livro *Os 7 hábitos das pessoas altamente eficazes*, elenca que um deles é **começar com o objetivo em mente**.[24] O "porquê" deve vir primeiro na mente e permanecer até o final da interação, qualquer que seja o assunto do feedback, como um mantra: "estou dando este feedback porque quero ajudar no desenvolvimento desta pessoa". Os valores da empresa são os guias do feedback, que deverão ser utilizados para correção de desvios ou reforço de comportamentos desejáveis.

Entretanto, muitas pessoas ainda têm dúvidas sobre as melhores práticas para aplicar o feedback e ainda não o fazem de maneira construtiva. O que você sentiria se a sua liderança o encontrasse por acaso, ou mesmo no final de uma reunião, e disparasse: "Aproveitando que você está aqui, deixa eu te dar um feedback!". O seu cérebro fará uma leitura de ameaça e ativará defesas, e as emoções não serão favoráveis para receber as mensagens que virão. Ainda que haja um objetivo nobre, a estratégia não ajudará a concretizá-lo. Além de agendar uma hora específica para a conversa, é preciso tomar alguns cuidados para que ele seja efetivo.

Pensando nisso, desenvolvi um guia com uma sugestão de técnica para os feedbacks. Apresento-lhe a seguir:

---

24 COVEY, S. **Os 7 hábitos das pessoas altamente eficazes**: lições poderosas para a transformação pessoal. Rio de Janeiro: BestSeller, 2017.

Sugestão de técnica para praticar o feedback

A estrutura a seguir, que pode ser lembrada com o acrônimo QOICA, tem sido utilizada com sucesso por muitas lideranças, pois direciona o feedback para fatos e dados, evita generalizações, subjetivismo ou julgamento, situa o fato no tempo, traz reflexões sobre impacto e consequências e lembra que, ao final, deverá haver compromisso com a mudança.

QUANDO OCORREU?	O QUE OCORREU?	IMPACTO	CONSEQUÊNCIAS	ACORDOS
Pontuar o momento em que o fato ocorreu	Especificar o fato	Qual foi o impacto do fato?	Se o fato persistir, o que poderá ocorrer?	O que a pessoa poderá fazer para mudar a situação?

E, para que essa dinâmica seja efetiva e ajude a alcançar os objetivos do feedback, tenho algumas recomendações sobre como a prática deve ocorrer:

- **Ative na sua mente o objetivo do feedback:** ajude a pessoa a melhorar e a se desenvolver. O seu papel é de líder, não de juiz.
- **Qualifique a reunião:** diga que é uma reunião de feedback. Já ouvi muitas pessoas dizerem que nunca tiveram um feedback, quando, na realidade, o seu líder só não nomeava a reunião como tal.
- **Reforce o objetivo:** enfatize que é um processo de crescimento, de melhoria, tão importante que você dedica um bom tempo para essa conversa, que será uma prática comum e frequente em sua liderança. Uma abertura com esse reforço surte melhor efeito. E cuidado: a técnica de trazer elogios no início costuma confundir a pessoa. Quando o objetivo for reconhecimento, deve ser só reconhecimento; e, quando for correção, deve ter um tom educativo e de compromisso com ações de melhoria.

- **Combine a dinâmica:** deixe claro que na primeira parte da conversa você gostaria que a pessoa ouvisse sem interrupções e sem julgamentos. No momento inicial, você falará sobre os quatro pontos da QOICA. Depois, ouvirá a pessoa para, juntos, entenderem melhor o fato e contratarem ações de melhoria. Deixe que ela fale, sem ansiedade, cuidando para que não haja fuga nem que se vitimize. Afinal, quando a liderança dá o feedback é porque acredita que a pessoa tem condição de se desenvolver e quer ajudá-la. Se não tivesse jeito, a demitiria.
- **Dê atenção de verdade:** sem distrações de celular, principalmente.
- **Questione:** pergunte quais ações de melhoria a pessoa se propõe a fazer a partir do feedback. Aí, sim, você poderá trazer alguns pontos fortes para que a pessoa perceba que você também vê o que ela faz de bom e que acredita no desenvolvimento dela. Registre e sugira a ela que faça o mesmo. Mostre que confia no compromisso com a mudança. Reforce que o processo vai acontecer muitas vezes, pois faz parte da sua maneira de liderar. Diga à pessoa que também gostaria de receber feedback.

A frequência naturaliza o feedback e me faz lembrar de quando comecei a cantar no coral da empresa em que trabalhava e no qual rejeitava as músicas clássicas que predominavam no repertório. Como passei a adolescência ouvindo rock e MPB, o meu cérebro não tinha uma programação para apreciar as sinfonias longas e sofisticadas. Bastava o maestro colocar um clássico no repertório, e eu me desmotivava a ir aos ensaios. Depois, percebi que a minha rejeição se reduzia gradativamente à medida que eu convivia com aquele estilo musical. Meus ouvidos foram cadastrando as músicas e, ao me familiarizar com elas, passei a gostardelas e a usá-las nos cursos, ouvir no carro e até para relaxar nos fins de semana.

O desconforto com o feedback desaparece quando ele é praticado com maior frequência. É assim que se consegue, desde o início da sua trajetória, naturalizá-lo e fazer todos se familiarizarem com ele. Quanto mais se pratica, mais ele se torna espontâneo para quem dá e para quem recebe.

É importante também apostar nos dois tipos de feedback, tanto nos educativos, voltados para a correção de rota e melhoria de prática, quanto nos de reforço, para reconhecimento de boas práticas, a fim de que haja um equilíbrio. E, ainda tratando de equilíbrio, é essencial também promover o feedback reverso, dos colaboradores para o líder, o que contribui para a construção de um ambiente de partilha e confiança. Vamos falar um pouco mais deles agora.

Feedback educativo

O feedback é um processo que pode ser aplicado em qualquer organização e, devido ao seu impacto na performance das pessoas, não pode ser uma opção para quem lidera, mas sua responsabilidade. Ninguém cresce sem feedback.

Há vários estudos demonstrando o efeito dessa prática em realidades diversas, como a experiência com adolescentes narrada por Angela Duckworth em seu livro *Garra*,[25] na qual a professora Carol separou os alunos em dois grupos e deu a eles os mesmos problemas de matemática para resolver. A diferença é que um deles recebia somente elogios pelo êxito, independentemente de quantos exercícios haviam solucionado, enquanto o outro recebia feedbacks verdadeiros, baseados no que resolveram, mas também advertências que deveriam se esforçar mais, pois não haviam solucionado uma quantidade satisfatória de questões. Na segunda etapa, a professora ofereceu um desafio que incluía problemas de vários níveis de dificuldade para ambos os grupos. Os alunos que receberam elogios, mesmo não tendo o melhor resultado, desistiram dos problemas mais difíceis. Já o segundo grupo mostrou

---

25 DUCKWORTH, A. **Garra**: o poder da paixão e da perseverança. Rio de Janeiro: Intrínseca, 2016.

esforço, empenho e vontade de vencer as dificuldades. A conclusão dela é que aprenderam a interpretar o fracasso como um estímulo para se esforçar, e não como confirmação de incapacidade.

Esse e outros estudos demonstram que, para desenvolver as pessoas, é preciso ter coragem de dar feedback no tempo certo, para que elas possam melhorar o desempenho ou o comportamento. Também é importante reconhecer o que a liderança deixou de fazer para que a pessoa desse o seu melhor. Por fim, vale lembrar que o fato de ser jovem na liderança não pode ser um fator de intimidação para dizer a verdade às pessoas. Se há verdade em seu coração, haverá verdade em suas palavras.

Feedback de reforço (reconhecimento)

O reconhecimento é uma espécie de feedback que aplaude o trabalho dos colaboradores, reforça os valores da empresa e/ou os objetivos acordados. Tenho observado que a mistura de um feedback de reforço com um corretivo não funciona bem. Um tira a força do outro. Por isso, é fundamental dedicar momentos específicos para cada um deles, separadamente. O de reforço deve ser aberto, na presença de outras pessoas, para enaltecer quem está recebendo e transmitir a mensagem para os demais que tal ação ou comportamento tem valor para a liderança.

Feedback reverso – ou feedback da humildade

O feedback reverso mudou a história de Roberta. Ao assumir a primeira liderança, ela levou consigo a característica pela qual acreditava que era valorizada na empresa: ser workaholic. Trabalhava até altas horas, passava o dia agitada entre reuniões e atividades sequenciais, raramente saía para almoçar, limitava-se a comer "porcarias". Com esses hábitos, ela ganhou muito peso, problemas na coluna, impaciência e irritação. Como ela era muito educada, segurava tudo e acabava implodindo em vários tipos de doenças. Mas se sentia feliz ao receber elogios da empresa e dos clientes.

Um dia, ela foi orientada a fazer o feedback reverso. Reuniu então a equipe e pediu aos liderados que fossem sinceros e dissessem como ela poderia melhorar como líder. No início, os integrantes ficaram um pouco constrangidos, pois não estavam acostumados com a prática. Mas, percebendo um desejo real pelo feedback, falaram que se sentiam mal com a falta de autonomia e que tudo que faziam parecia não ter qualidade, pois era depois refeito por ela.

Foi aí que Roberta percebeu que, muitas vezes, ficava até de madrugada refazendo o trabalho de outros. Ela achava que estava dando apoio à equipe, melhorando o que fora feito, mas as pessoas entendiam que ela estava apenas deixando do jeito dela. Se ela não tivesse solicitado o feedback e insistido para que falassem abertamente, conviveriam em um clima ruim que dificultaria a aceitação dela pelo time como uma líder de desenvolvimento, pois Roberta só confiava em levar para o cliente aquilo que ela mesma fazia.

O exemplo de Roberta mostra a força do feedback reverso para redirecionar a maneira de conduzir a equipe, o que pode estar inibindo o crescimento dela, abalando a sua saúde mental ou até afetando os resultados. Desde cedo, a liderança deve saber que o feedback é condição para que se torne extraordinária.

FEEDFORWARD: OLHANDO PARA O FUTURO

Se o feedback é baseado naquilo que já aconteceu, o *feedforward* diz respeito ao que poderá acontecer. O conceito foi criado por Marshall Goldsmith, coach renomado e autor de vários livros, incluindo uma obra que leva o mesmo nome.[26] Seu objetivo é descobrir e desenvolver o potencial das pessoas. O futuro é, na maioria das vezes, ignorado até pelos próprios colaboradores,

---

26 GOLDSMITH, M. **Feedforward**. Writers of the Round Table Press, 2012.

que, de tanto serem cobrados pelo imediato, se comportam como recursos para tocar o dia a dia.

Falar de futuro e de possibilidades inspira a pessoa a querer evoluir para construir uma carreira na organização. Muitos desligamentos teriam sido evitados se a liderança inserisse sessões de *feedforward* em seu programa.

Como aplicar o *feedforward*

Para falar de futuro, é indispensável conhecer os pontos que a pessoa pode desenvolver, inspirá-la a segui-los e oferecer apoio. Por isso, deve ser estudado o potencial e as possibilidades de carreira, mas sem fazer promessas; pois, se elas não forem cumpridas, a liderança perde credibilidade e ainda terá de lidar com os prejuízos causados pela frustração.

A seguir, apresento algumas dicas para a aplicação do *feedforward*.

- Utilize um mapeamento do perfil da pessoa (se não tiver, faça uma entrevista com ela, utilizando o design que propus para a sua autoentrevista).
- Faça perguntas para conhecer os sonhos e as habilidades dela, o que ela gostaria de realizar no futuro etc.
- Peça a ela que se esqueça do que é viável e pense aonde gostaria de chegar. O que gostaria de fazer? Como se sentiria fazendo isso? Para atingir essa meta, quais mudanças teria de fazer na própria vida? Quais ações teria de promover para atingir o objetivo? Quais competências precisaria adquirir?
- Mostre as possibilidades de carreira na empresa e quais são as competências e os valores que devem ser reforçados para alcançar tais posições.
- Enquanto o feedback termina com um plano corretivo, o *feedforward* termina com um plano prospectivo, expressando o que a pessoa vai fazer para alcançar seus objetivos.

Quando os indivíduos começam a colocar esse plano em prática e a adquirir novas competências, entendem que esse desenvolvimento faz parte do próprio repertório e ninguém pode lhe tirar isso. Esse desenvolvimento traz motivação. É muito triste ver a pessoa pedir o desligamento alegando que não sabia se tinha futuro na empresa, pois a liderança nunca conversou com ela sobre suas possibilidades.

ENGAJAMENTO: A ALMA DO NOVO PODER DA LIDERANÇA

"O futuro será uma batalha pela mobilização. As pessoas comuns, os líderes e as organizações que vão prosperar serão aqueles com mais capacidade de canalizar a energia participativa dos que estão à sua volta — para o bem, para o mal e para o trivial.[27]

"Fiz uma dinâmica em uma empresa-cliente em que dois grupos teriam de construir uma torre de cartões. O projeto era livre, e as equipes poderiam dar a ela a forma que quisessem, mas uma das condições era entregar a torre intacta em dez minutos. Um dos grupos decidiu usar todos os cartões e construir uma torre bem alta, com um pico exuberante. Havia entre os membros um arquiteto e um engenheiro, e uma das pessoas que assumiu a liderança deu a eles a incumbência de projetar e construir a torre, pois queria que fosse excepcional.

O outro grupo decidiu construir uma torre mais baixa, com a extensão horizontal maior. A pessoa que assumiu a liderança pediu ideias aos participantes e o trabalho foi feito com a ajuda de todos, improvisaram até um paisagismo na entrada da torre. Ao concluírem, abraçaram-se e comemoraram o resultado.

Como estava na hora do intervalo, preferi interromper a atividade e analisar os projetos após o café. Para não perder pontos

---

27 TIMMS, H.; HEIMANS, J. *Op. cit.*

na entrega, o grupo que construiu a torre mais alta decidiu permanecer na sala, evitando que ela sofresse algum dano. O outro grupo, sentindo segurança no próprio trabalho, saiu para o intervalo e retornou quando as atividades foram retomadas.

Convidei três pessoas parar avaliar a entrega. No momento de analisar a construção da torre alta, um dos "juízes", meio atrapalhado, esbarrou na obra e ela desmontou. O grupo ficou frustrado e começou a colocar a culpa no avaliador, reunindo argumentos para me convencer de que não deviam perder pontos. Pedi que aguardassem enquanto avaliávamos a outra torre, que estava intacta; uma torre de baixa complexidade, mas que atendia os requisitos colocados para o exercício.

Perguntei aos dois grupos como havia sido o processo de construção. O primeiro me informou que procuraram saber quem é que tinha as competências mais adequadas, identificaram um engenheiro e um arquiteto e delegaram aos dois a responsabilidade da construção. O segundo grupo me disse que, antes de construir, conversaram a fim de buscar a melhor ideia para atender o objetivo de entregar uma torre intacta e concluíram que o modelo mais seguro seria um prédio mais baixo em que todos pudessem ajudar na construção. A equipe se manteve unida, conseguiram concluir antes do intervalo e tomaram café juntos, divertindo-se e comentando a atividade. Além de tantas outras lições sobre a magia do novo poder na prática, pudemos comprovar o que significa o engajamento para um resultado bom e sustentável.

O exercício das torres demonstrou algo que se pode observar com muita facilidade no dia a dia. Quando a liderança é imediatista e quer entregar logo uma tarefa, ou ela mesma faz sem delegar, ou descobre alguém que já saiba e manda que a pessoa faça. Isso porque não incorporou o papel de formar pessoas, de promover pertencimento, de desafiá-las para que se sintam motivadas a crescer – seu foco ainda está no fazer, e não no desenvolver. Ao buscar o resultado sem desenvolver o time, a tendência é de um líder sempre sobrecarregado, estressado pelos prazos e operando com lentidão. O velho poder é mais lento por se concentrar na posição de um e excluir aqueles que não têm liderança formal, por se sustentar pelo comando e controle e promover um clima de baixa confiança.

Tenho observado que os líderes que praticam o novo poder conseguem promover um ambiente favorável à saúde mental, são mais leves e obtêm resultados sustentáveis. Desenvolvendo a competência da influência, ampliam-se as chances de engajamento. A condição é conhecer melhor as pessoas da equipe.

COLABORAÇÃO: O TÔNICO DO NOVO PODER

Às vezes, a colaboração é vista como uma atitude voluntária de pessoas bondosas que espontaneamente se oferecem para ajudar. Nossa condição de interdependência sempre exigiu que a praticássemos, embora ela seja pouco ativada quando as coisas vão bem. O grande exemplo veio com a produção de vacinas contra a covid-19, em tempo recorde, graças à parceria acordada entre as lideranças de laboratórios poderosos que viram que, se seguissem disputando a autoria sozinhos, seria a morte do planeta.

Tenho ajudado várias organizações no objetivo de estabelecer uma cultura colaborativa por meio de Equipes de Melhoria Contínuas que exercitam a colaboração de maneira constante. Como se reúnem sistematicamente para identificar problemas que minam a própria satisfação ou os resultados da empresa em vários indicadores, a prática colaborativa se incorpora à rotina dos colaboradores. Dessa maneira, estão sempre preparados, pois não esperam uma crise para ativar a colaboração.

Ainda que a empresa não tenha um programa institucional de práticas colaborativas, as novas lideranças têm autonomia para formar equipes em suas áreas, capacitá-las no método e ensinar algumas ferramentas básicas para que atuem de maneira mais organizada. Seus objetivos serão alcançados muito mais rápido e serão mais consistentes.

Apesar de repleta de benefícios, a prática da colaboração ainda não é amplamente utilizada, já que o antigo poder dava preferência à promoção da competição em seu lugar. Até pouco tempo, trabalho não combinava com felicidade. As pessoas se sentiam cumpridoras de uma sentença durante os dias da semana para aproveitarem apenas o sábado e o domingo, durante os meses até as férias, e durante os anos até a aposentadoria. Era um desencontro de experiências em torno de objetivos diversos: o RH lutando pelo comprometimento, os líderes discursando sobre o "vestir a camisa", e o dia a dia do colaborador esperando pelos intervalos ou pelo fim de sua sentença.

Nos últimos tempos, alguns novos líderes questionaram a incoerência do ambiente, das relações, dos benefícios, enfim, de tudo o que é ofertado ao colaborador somado às exigências das entregas além do trabalho. Os resultados mostram que o foco obstinado nos clientes de maneira unilateral não funciona mais. O investimento na melhoria da experiência de quem faz (*employee experience*) reflete na experiência de quem recebe (*customer experience*). As lideranças de um nível excelente estão convergindo para uma nova consciência, não se limitando a buscar resultados apenas do negócio, mas abrangendo todas as partes envolvidas. Os indicadores partem de uma liderança sistêmica que valoriza os resultados do negócio, relação com os clientes, felicidade dos colaboradores e ações de impacto no mundo externo, valorizando a sustentabilidade em seu sentido mais amplo. Cada vez mais lideranças se unem por um mundo melhor adotando ações que contribuam para alguns dos dezessete objetivos de desenvolvimento sustentável (ODS). Sempre que possível, estabelecer as metas, pois elas unem às pessoas a um objetivo comum, estimulam a colaboração, o aprendizado mútuo e a motivação.

MOTIVAÇÃO: O DESAFIO DE TODOS OS TEMPOS

Em meu último livro, *O desafio do impossível*, em coautoria com Viviane Martins, comprovamos a relação direta entre a satisfação das pessoas e os resultados da empresa. O livro aborda um trabalho que realizamos na Ambev do Rio de Janeiro, cujo problema parecia, inicialmente, relacionado à produtividade e à baixa eficiência das operações – este era o resultado ruim mais tangível. Estávamos intrigadas para entender por que as pessoas se inscreviam, entre milhares de candidatos, para disputar uma vaga na empresa e logo depois solicitavam o desligamento. O encantamento se desfazia muito rápido.

Creio que a maior parte dos líderes sabe que precisa motivar suas equipes e quer fazer isso, mas muitas vezes adota ações que não causam o efeito necessário, como contratar palestras, possibilitar treinamentos ou promover interações entre departamentos. Na realidade, não existe uma receita que dê certo para todos os casos, porém vamos utilizar estudos para fundamentar o conhecimento sobre motivação.

Em 1935, Kurt Lewin, reconhecido mundialmente por seus estudos sobre grupos de minorias em um contexto maior, trouxe grandes contribuições para a ciência do comportamento. Para ele, o comportamento humano deriva dos fatos presentes no ambiente. Todos os fatos do ambiente interagem de maneira dinâmica e se influenciam mutuamente. Para explicar essa teoria, Lewin criou uma equação:

$$C = f (P, M)$$

Nela, o comportamento (C) é o resultado da função de interação entre a pessoa (P) e o ambiente (M) no qual ela está inserida. O alerta é que a saúde do ambiente não é aquela expressa pela empresa ou pelo líder, mas a percebida e interpretada pelas pessoas. Um exemplo de como essas duas percepções podem divergir são as empresas que, em geral, atingem uma boa avaliação no ambiente de trabalho, porém ainda toleram alguns líderes autoritários e desrespeitosos. Esse é o fenômeno explicado por Lewin, mas aplicado à inter-relação entre as áreas. Ainda que nem todas as lideranças pratiquem esses comportamentos inadequados, a empresa passará uma imagem de autoritarismo e de um ambiente caracterizado por causar medo às pessoas.

Nossa próxima referência é o psicólogo estadunidense Abraham Maslow. Sua principal contribuição para o assunto foi o estudo das necessidades humanas como fatores que impulsionam a motivação.

Se Kurt Lewin estudou a influência do ambiente na motivação, Maslow trouxe um conhecimento maravilhoso sobre a força que as ações exercem sobre as necessidades, a fim de promover saúde mental e motivação.

Assim, o primeiro passo para incentivar a motivação da equipe é diagnosticar os níveis de necessidades e verificar aqueles que estão sob sua autonomia para, a partir disso, buscar ações para supri-las gradativamente. A seguir, apresento-lhe um roteiro para essa investigação.

Roteiro de investigação das necessidades

Verifique a satisfação de cada um dos membros da equipe em relação às necessidades básicas descritas a seguir:

- salário fixo pago pela empresa (pergunte se conhece o que o mercado paga e se compara com o que recebe);
- benefícios (quais os benefícios que utiliza e como os avalia);
- planejamento de férias (se atende às necessidades de descanso e lazer com a família);
- folgas e/ou fim de semana (se são respeitados);
- áreas de convivência e descanso no ambiente de trabalho;
- se sente algum desconforto ou dor provocados pela condição do trabalho;
- alimentação oferecida pela empresa;
- condições de conforto e higiene de banheiros, vestiários, refeitórios e alojamentos;
- condições que afetam a saúde, a ergonomia e a segurança física;
- transporte (segurança, conforto, pontualidade e distância do ponto até a residência);
- segurança no emprego;
- formação, capacitações e desenvolvimento;
- Política ou incentivo para que os colaboradores estudem;
- a forma como são feitas as transferências entre unidades ou setores;

- a forma como as mudanças são conduzidas;
- a comunicação (como vê as informações institucionais, se se informa paralelamente);
- como vê os programas participativos da empresa (equipes de melhoria contínua, *squads*, projetos interfuncionais etc.);
- prática dos valores (coerência);
- integração com os colegas de trabalho;
- atividades sociais promovidas pela empresa;
- metas de melhoria (se são desafiadoras e possíveis de serem alcançadas);
- reconhecimento pela empresa e pela liderança;
- remuneração variável e resultados das metas de melhoria;
- feedback (como se sente em relação a ele e se lhe é útil);
- perspectivas na empresa, possibilidades de crescimento;
- conhecimento do que é esperado no trabalho;
- incentivo à formação complementar e/ou desenvolvimento interno;
- inclusão (sentimento de estar incluído no ambiente de trabalho e nas oportunidades);
- motivos de orgulho (tem orgulho do que faz, da marca e como a empresa é vista pela sociedade).

Utilizamos um sistema como esse para fazer o diagnóstico do nível de satisfação nas equipes da Ambev para buscar soluções e propostas de melhorias.

● ●

Após a conversa com os colaboradores sobre o nível de satisfação, a liderança terá insumos para tratar coletivamente os pontos de insatisfação ou sugerir ações corporativas que possam evitar os efeitos do descontentamento. Pessoas desmotivadas estão mais propensas a erros, acidentes, baixa produtividade e *turnover*. Elas não têm energia para propor ideias de melhoria, e há ainda o problema de deixarem o clima ruim.

● ●

A NECESSIDADE DE INCLUSÃO

O psicólogo estadunidense Will Schutz, em seus estudos complementares aos de Maslow sobre necessidades interpessoais e a nossa relação de interdependência, afirma que toda pessoa inserida em um grupo precisa se sentir aceita, integrada e valorizada no núcleo a que pertence para, uma vez conectada ao propósito, poder contribuir para o alcance dos objetivos. Não se trata apenas de colaboração, mas de um pertencimento efetivo.

Uma das líderes entrevistadas, Amanda, passou por uma difícil experiência de exclusão devido a crenças estabelecidas de que, quando uma mulher é designada para líder, a área ou o projeto é de baixa complexidade e sem muita relevância. Ela já estava na empresa havia quatro anos e tinha acabado de ser convidada para trabalhar no exterior, o que a deixou muito animada pela oportunidade de aperfeiçoar a sua habilidade na língua inglesa e vivenciar uma nova cultura. Estava entusiasmada, fazendo planos e aguardando a informação sobre quem seria a sua liderança nos Estados Unidos.

Ela sabia que uma boa liderança faria toda diferença no seu aprendizado e ainda lhe daria segurança para trabalhar em um ambiente diferente. Já havia feito os preparativos para a viagem e aguardava ansiosamente a informação tão importante: o contato de seu ou de sua líder. E qual não foi a sua surpresa ao saber, na véspera, que a líder seria ela.

"Como assim?", indagou. A resposta foi que a empresa a considerava pronta para o desafio e que seria muito bom para a carreira dela. Amanda teve um ataque de riso. A pessoa que a contatou estranhou a sua reação e perguntou por que estava rindo tanto, uma reação nervosa que ela sempre tinha quando estava sob pressão. Ainda não havia passado por essa experiência nem como substituta, mas precisou ocultar a insegurança, pois não poderia parecer fraca diante de desafios.

E lá se foi Amanda assumir a sua primeira liderança em outro país, desafiada pela diferença de cultura, de língua e de equipe. Ao chegar à empresa, entretanto, sentiu a desconfiança do time pelo fato de ser mulher. A crença de relacionar a liderança feminina com a baixa importância por parte da empresa diminuía a autoestima dos liderados. Para deixar as coisas piores, o que ela sabia sobre liderança se resumia a observações dos seus líderes anteriores. Por mais que se esforçasse, ela se sentia muito deslocada na empresa. Oficialmente, era a líder daquela área, conhecia bem o trabalho, mas, na prática, eles a excluíam até das situações sociais.

Hoje, Amanda reconhece que, como não estava preparada para a liderança, limitou-se a executar bem as atividades junto da equipe. Para ela, se conseguissem atender aos resultados, estava tudo perfeito. Todos daquele time fizeram o que já sabiam fazer, mas poderiam ter aprendido e evoluído muito mais se tivessem uma liderança que os desafiasse e orientasse. Ao saber da crença sobre mulheres naquela empresa, ela mesma recuou e se bloqueou, não lutando pela própria inclusão.

Esse e outros casos de não inclusão comprovam o impacto na autoestima das pessoas e, consequentemente, no desempenho delas. O estudo sobre a necessidade da inclusão foi feito há décadas e continua muito oportuno. Mais do que nunca, as lideranças terão de exercitar a empatia compassiva pelas pessoas que chegam às equipes e preparar o time para acolhê-las com respeito, independentemente de gênero, raça, nacionalidade ou qualquer outra característica. Os conflitos e fenômenos naturais mundiais estão intensificando as imigrações, e a liderança precisa aprender a incluir e trabalhar com diversidade, sem diminuir a dignidade ou a autoestima de ninguém.

O NOVO PODER VEM TURBINADO PELA TECNOLOGIA

Se você chegou recentemente à posição de liderança, procure saber como a tecnologia pode ajudá-lo a liberar mais tempo para você se dedicar à parte mais importante da sua função. Como já está mais que demonstrado, o novo poder se baseia em engajar as pessoas e, para isso, é preciso cuidar delas.

Assim como o mercado intensificou o uso da inteligência artificial para coletar informações sobre os consumidores e endereçar as vendas, as empresas estão aprendendo a utilizar a tecnologia para ajudar as lideranças a sair da subjetividade e conhecer melhor os colaboradores.

Enquanto o velho poder demorava para saber quem eram as pessoas mais adequadas para galgarem novas posições, o novo poder vem turbinado por ferramentas de inteligência artificial que permitem que os dados e as informações sobre comportamentos, preferências, *gaps* e desempenho apresentem uma face mais objetiva dos colaboradores. As pessoas dão pistas de seus interesses, valores, potencialidades em seus comportamentos, e esses dados são organizados de maneira que as lideranças possam fazer análises e tomar decisões desprovidas de preconceitos ou preferências pessoais, favorecendo a meritocracia.

A liderança se torna ainda mais necessária, pois com a inteligência artificial – diferentemente do que ocorre no mercado, em que processa os dados e direciona os produtos e serviços conforme o perfil e interesses de clientes –, no campo das pessoas, as interpretações e decisões serão sempre tomadas por humanos.

Como enfatizei anteriormente, toda ferramenta precisa ser embasada na ética e no propósito. Se a inteligência artificial sugere que algumas características de um colaborador coincidem com outras de pessoas que deixaram a empresa, é sinal de que existe uma possibilidade, mas não uma indicação de que o líder deve se antecipar e demitir a pessoa. Uma analogia que uso é sobre a caixa-preta do avião. Quando ele cai, as informações poderão indicar as causas, mas não evitarão a tragédia. Se o líder conhece as necessidades dos seus colaboradores, pode satisfazê-las de maneira preventiva, evitando que eles se desliguem ou, o que é pior, permaneçam infelizes na empresa.

Procure se informar sobre quais são as tecnologias que a empresa disponibiliza para apoiá-lo e, se não existir nenhuma, sugira, promova conversas ou visitas, faça parceria com o RH, cujo papel é ser um facilitador, mas a responsabilidade de desenvolver o time é sempre da liderança.

AGENDA DA LIDERANÇA

07

inda que as pessoas tenham necessidades diferentes, há pontos essenciais a serem contemplados nos planos de desenvolvimento da liderança. Se você chegou à posição de líder, sabe que será cobrado por resultados e que não os poderá entregar sozinho, pois depende da capacidade e do engajamento de toda a equipe. É como a maestria de uma orquestra: não se exige que o maestro saiba tocar todos os instrumentos, mas que conheça a função deles, a capacidade de cada um dos músicos, os tempos das entregas, que inspire continuamente e faça brotar na pessoa a vontade de tocar e aprender a ser sempre um pouco melhor.

A busca pelo melhor de cada pessoa não acontece por acaso. Observo que os líderes que se planejam conseguem realizar a jornada de maneira mais leve e se sair melhor diante de turbulências e incertezas. Para sugerir conteúdos atuais para as novas lideranças, extraí da pesquisa com os jovens líderes as principais dificuldades e as recomendações para construir uma agenda que os ajudasse a trilhar melhor a própria jornada. Sugiro a construção de um plano dividido nos seguintes blocos de necessidades: cuidar de si, cuidar da equipe, cuidar do negócio e cuidar da gestão. Represento a seguir uma sugestão para a Agenda da Liderança. Ressalto que os blocos sugeridos não são sequenciais, podendo acontecer simultaneamente, ainda que em alguns momentos as necessidades criem outras prioridades.

AGENDA DA LIDERANÇA: CUIDAR DE SI

Ao assumir o próprio desenvolvimento, o novo líder prestará contas para a pessoa mais importante da sua vida: ele mesmo. Vejo que maioria dos profissionais até elaboram um plano de desenvolvimento pessoal, mas não o gerenciam. Para quem acaba de dizer o "sim", que está consciente das próprias responsabilidades, a liderança é um processo contínuo, e não um projeto. Portanto, seu plano deverá ser executado, revisto e atualizado conforme as mudanças.

Cuidar de si significa estar atento ao seu autoconhecimento e adotar ações que, além de desenvolver competências amplas da liderança, melhorem sua saúde física e mental. Algumas ações não permitem que imponhamos muitas fronteiras entre os blocos. Um exemplo disso é a que contempla a gestão do tempo. Desde o início, a liderança precisa aprender que o tempo é o seu recurso mais precioso e a maneira como o gerencia fará toda a diferença. Aprender a priorizar e organizar as atividades evita muitas dores ao promover os efeitos combinatórios de amenizar a ansiedade, melhorar as entregas, o relacionamento com o time, o sono, abrir espaço para atividades esportivas e sociais, além de outros benefícios. Há cursos, livros e outros recursos que ensinam técnicas eficazes para a Gestão do Tempo, como o *A tríade do tempo*, de Christian Barbosa.[28]

Os valores mudaram. Um líder que era valorizado por trabalhar dezesseis horas por dia, não ter tempo para a família nem para cuidar da sua saúde precisa aprender o valor da vida. Quem não sabe cuidar de si mesmo não sabe cuidar dos liderados; quem não sabe cuidar dos liderados não pode ser líder. Em 2022, a síndrome de burnout, antes chamada de estafa ou esgotamento profissional, foi reconhecida como doença ocupacional e passou a integrar a Classificação Internacional de Doenças (CID).

---

28 BARBOSA, C. **A tríade do tempo**. São Paulo: Buzz Editora, 2018.

Outro cuidado importante consigo é a melhoria das suas habilidades. No meu livro *Esculpindo líderes de equipes*,[29] falo da identificação e do desenvolvimento das habilidades que têm lacunas e de uma melhor exploração daquelas que predominam. Para ancorar essa análise, utilizo um modelo baseado nas pesquisas de Ned Herrmann,[30] para quem as habilidades são classificadas em quatro categorias: lógica racional, organização, visão/empreendedorismo e relacionamento.

É recomendável que as novas lideranças avaliem suas habilidades dominantes e carentes, mas que não utilizem apenas o lado dominante, pois este não as desafia. Geralmente não gostamos de atividades relacionadas às habilidades das quais somos carentes. Porém, é necessário darmos atenção a elas, pois é exatamente aí que está o desenvolvimento.

Outro ponto ao qual a nova liderança deve atentar é a tendência natural de beneficiar ou trazer para perto alguém que tenha o seu estilo. Se você tem a função de ajudar a desenvolver as potencialidades das pessoas e afasta aquelas que têm dominâncias diferentes das suas, não cumprirá o seu principal papel.

São muitos os recursos disponíveis para ajudar a nova liderança a conhecer melhor as próprias habilidades e utilizá-las no exercício da função. Todos nós temos algumas preferências que se sobressaem e, se deixarmos à vontade, vamos nos guiar apenas por elas e não desenvolveremos outras das quais precisamos para nos tornarmos líderes mais completos. Como todas são necessárias, se não houver consciência delas, promove-se um desequilíbrio na evolução do profissional. O quadro a seguir sintetiza as habilidades e os riscos que os líderes correm quando isso acontece.

---

29 CHAVES, N. **Esculpindo líderes de equipe**. Belo Horizonte: Falconi, 2013.

30 HERRMANN, N. **The Creative Brain**. Brain Books, 1988.

HABILIDADES PREDOMINANTES	COMO SE COMUNICAM NATURALMENTE	RISCOS DE DESEQUILÍBRIO
Habilidade definidora: Razão. **Preferências:** Números, finanças, detalhes sobre a função, resultados imediatos, lógica, crítica realista, quantificações.	Entendem melhor quando são utilizados números, gráficos, fatos, provas concretas.	Se a liderança vê os números acima de tudo, pode estar cega às pessoas e perder talentos importantes e clientes ou se indispor com seus pares e líderes.
Habilidade definidora: Relacionamento. **Preferências:** Relacionamento, sensibilidade, expressões emocionais, comunicação, empatia natural.	Demonstram empatia com naturalidade e fazem questão de incluir as pessoas.	Se não for bem gerenciada, esta dimensão poderá levar a liderança a ser manipuladora, em vez de influenciadora; política em vez de meritocrática; pouco assertiva. Tende a ser paternalista; deixa de desafiar as pessoas e não desenvolve as potencialidades delas.

Habilidade definidora: Visionária/empreendedora. **Preferências:** Inovação, estratégia, experimentos, intuição, curiosidade, criatividade, visão sistêmica e, às vezes, uma lógica difusa com foco no futuro.	Utilizam analogias e metáforas; sonham alto, demonstram a visão e apresentam ideias abstratas e, muitas vezes, vagas.	Se a liderança tiver esta habilidade sobrepondo-se às demais, poderá ter dificuldade para viabilizar as ideias, sendo pouco prático, distraindo-se do foco e não conseguindo quantificar e negociar recursos para converter oportunidades.
Habilidade definidora: Organização. **Preferências:** Padrões, procedimentos, planejamento, estabilidade, precisão, confiabilidade, precaução, aversão ao risco, pontualidade.	Gostam de ver as coisas bem estruturadas, planos e cronogramas bem definidos.	O excesso de foco na organização, métodos e padrões poderá limitar a liderança a estimular e apoiar novas ideias e inovação, podendo se tornar impaciente para desenvolver pessoas e ter dificuldade para estruturar o raciocínio. Em casos extremos, provoca lentidão nas tomadas de decisão.

Todas as pessoas, líderes ou não, possuem essas habilidades distribuídas com intensidades diferentes. Nenhuma dessas dimensões é melhor ou pior que a outra, nem define inteligência ou caráter. Esse rol de habilidades é apenas mais um dos recursos que poderão ser adicionados ao repertório da liderança a fim de ampliar o autoconhecimento e fortalecer a agenda de desenvolvimento.

Se concluir que as suas preferências, ou seja, a sua zona de conforto, estão muito acentuadas em algum campo específico, poderá calibrá-las com algumas ações que melhorem as habilidades nos outros campos.

Por ocasião da minha primeira liderança, tive um feedback de um liderado mais experiente sobre uma lacuna nas minhas habilidades lógicas, mais especificamente no campo financeiro. Quando tínhamos de trabalhar com orçamento e com outras situações quantitativas, eu me sentia incomodada e muitas vezes delegava essa atividade. Aquele feedback fez todo sentido para mim e me fez tomar a decisão de melhorar as minhas habilidades carentes.

Na mesma época, eu estava para escolher o foco das disciplinas do MBA e optei por todas aquelas das quais não gostava. Descobri que é natural rejeitar aquilo que não dominamos, mas devemos combater a ignorância. À medida que adquiri maior conhecimento sobre atividades financeiras e demonstrativos de resultados (DRE), a minha rejeição reduziu. Foi uma libertação conhecer um pouco mais sobre esses aspectos da gestão. Não precisava ter todas as competências no máximo nível de especialidade, porém, sem as referências básicas, sentia-me limitada e, às vezes, delegava para não expor a minha ignorância.

Quanto mais exercitamos a percepção das habilidades, mais podemos identificá-las corretamente também nos liderados e, assim, compor equipes mais diversas, que poderão se complementar por carências e dominâncias. É muito simples identificar habilidades nas quatro categorias porque, de maneira geral, podemos fazer isso com base nos comportamentos facilmente observáveis do dia a dia.

No caso da liderança, não há saída: é necessário se desenvolver em todas essas dimensões para se colocar em condições de identificar as habilidades de cada membro da equipe e ajudar a desenvolver as lacunas. Muitas vezes, só o fato de colocar pessoas diferentes trabalhando juntas já resulta em um desenvolvimento interessante da habilidade carente. Para refinar essa percepção, basta observar com interesse genuíno cada integrante da equipe. É uma questão de compor o time reunindo aquela pessoa que gosta de trazer ideias, se entusiasmar, com aquela que gosta de estruturar dentro do método, estudar a viabilidade e, claro, incluir alguém relacional para apaziguar um possível conflito e fazer com que um não queira se sobrepor e apagar a contribuição do outro. É muito simples fazer essas composiçõs e seus efeitos são fantásticos nas *squads*, nas guildas, equipes de melhoria contínua (EMC) etc. E, além de gerar impacto no crescimento das pessoas, cria naturalmente uma cultura de diversidade.

Nenhuma competência isolada fará com que a liderança cumpra plenamente o seu papel. Não basta entender profundamente do negócio, de finanças, do método de gestão, conhecer ferramentas, tecnologia, ciência do comportamento, se relacionar bem com as pessoas, ser criativo e inovador. Nada isolado é suficiente.

Para cuidar da ampliação das suas habilidades, busque o suporte de coachs, mentores, consultorias, além de um olhar constante sobre os *benchmarks*, para saber quem são as referências e quais são as suas práticas. Também selecione bons livros, artigos, vídeos para nutrir as fontes. Outro recurso comum aos líderes extraordinários é que continuam gerindo o próprio desenvolvimento mesmo quando se tornam mais experientes. Todos relatam que elaboram, executam e se cobram das ações do seu plano de desenvolvimento individual.

O protagonismo na própria evolução ajuda a liderança a quebrar um forte paradigma relacionado ao conceito de sênior e tempo de casa. Durante muito tempo, pensou-se que a senioridade fosse um produto do tempo em que se vivencia uma situação ou se trabalha em uma empresa. Mas a internet chegou como um dos principais recursos para possibilitar maior velocidade no aprendizado.

Na época em que iniciei a minha trajetória como líder, o tempo de aprendizado era longo e caro. Todos os cursos eram presenciais, incorrendo em despesas de viagens e hotéis; os livros eram caros e demoravam a ser entregues; as revistas especializadas eram de difícil acesso; as visitas de *benchmarking* nas empresas dependiam de relacionamentos; as universidades internacionais, então, eram impensáveis.

Como a tônica deste livro é estimular a nova liderança a arquitetar o seu desenvolvimento, e não ficar aguardando o cronograma da empresa, o conteúdo a seguir poderá ajudar você a se autoavaliar periodicamente. Mais adiante, será necessário organizar um plano de ação, executá-lo com disciplina e ter muita atitude para reforçá-lo ou corrigi-lo.

A liderança jovem deve ressignificar paradigmas limitantes e não os assumir como eventos naturais e comuns a todos. Não é necessário esperar tantos anos para ser sênior. É possível acelerar a senioridade, aprendendo e praticando mais rápido. Para cuidar de si mesmo de maneira consciente, e não se deixando à deriva, é imprescindível roteirizar o seu caminho.

Outro cuidado: Autopromoção – a dose errada poderá criar o líder selfie

Todo novo líder tem necessidade de ser reconhecido, principalmente por quem indicou ou validou o seu nome para a posição. O problema está na forma e na dosagem. Conheço muitos profissionais que foram derrotados na liderança por buscar o sucesso da maneira errada, ignorando que os resultados são consequência do engajamento e esforço da equipe. Se tornaram "líderes selfie", jogando a luz sobre si e negando a óbvia contribuição da equipe para as entregas e os resultados.

Alguns se defendem argumentando que, se não se autopromoverem, não conseguirão demonstrar o próprio valor e não serão respeitados nem pelo time nem pelos demais envolvidos. Não se trata de se mostrar, mas de gerar percepção. A autopromoção desequilibrada e narcisista, em vez de revelar a pessoa, embaça a sua imagem e ativa a rivalidade entre os pares. É diferente quando é ressaltada a inteligência criativa e o engajamento de todas as pessoas, deixando clara a influência do líder no resultado. Isso libera uma energia contagiante, que inspira outras lideranças a fazer o mesmo, e todos ativam a vontade de ir além do que apresentaram.

Observamos comportamentos reveladores em vários rituais nas organizações, por exemplo, nas reuniões de resultados. Nessas oportunidades, a liderança selfie se posiciona como o gerador único e absoluto dos bons resultados; tenta, direta ou indiretamente, atribuir os desvios a alguém da equipe ou fora dela; apoia tudo o que os líderes acima falam ou propõem; se esquiva de colaborar com colegas e faz de tudo para ficar bem na fita. Há também aqueles que fazem citações frias, genéricas e burocráticas, com um tom político e, às vezes, falso. Já a liderança que é consciente de que os resultados são produtos da qualidade e do engajamento das pessoas apresenta-os utilizando um tom mais coletivo, trazendo os nomes e as contribuições de pessoas da equipe, de pares ou de outras áreas.

Em uma mesma reunião, pude presenciar duas cenas. Ao final da apresentação de resultados, o CEO fez um elogio para o líder pela melhoria dos seus indicadores naquele mês. Ele agradeceu dizendo: "Foi um trabalho de equipe". Na mesma reunião, outro líder também recebeu elogios por ter conseguido resolver um problema recorrente que impactava a produtividade. Ele agradeceu o reconhecimento e falou, empolgado, sobre a alegria do seu time em conseguir resolver o problema: "Tivemos apoio do time da manutenção, que nos ajudou a entender a causa daquelas paradas consecutivas. Junto ao Antônio, nosso supervisor, eles envolveram até o pessoal do turno da noite, fizeram uns testes, e só sei que há quinze dias não temos parado mais por essa causa".

Os dois praticaram a autopromoção, mas a diferença é que, enquanto um valorizou o time e a colaboração da outra área, o outro agiu de maneira protocolar, repetindo uma frase genérica que não mostra que o líder está atento ao empenho das pessoas, como elas interagem e como respondem ao desafio. Ao projetar a luz na equipe, todos brilham; ao projetá-la em si mesmo, ofusca a todos, perde a chance de promover a si mesmo e o time.

Ainda na mesma reunião, outro líder selfie, após usar e abusar do pronome "eu", recebeu o reconhecimento e a recompensa sozinho, agradecendo e dizendo: "Este ano consegui tirar leite das pedras; foi igual a um time de futebol que vai perdendo jogadores: enfrentei muitas demissões e, mesmo com o time incompleto, não deixei os resultados caírem!". Esse líder ainda se encontrava no estado bruto. Tive a oportunidade de conversar com ele sobre a sua estratégia de autopromoção, e ele me disse que nunca elogia ninguém do seu time perto dos pares ou dos seus superiores. Segundo ele, os pares querem roubar os melhores, e os superiores podem pensar que tem gente melhor do que ele e querer substituí-lo. É um gestor que não chegou ao patamar de ser um líder, pois ainda não saiu de si mesmo.

A reação a esses comportamentos vem por meio de alguns indicadores, como a pesquisa de satisfação, o índice de saídas, pedidos de transferência para outra área e os elogios da "rádio peão". Portanto, um estreante na função deve aprender a sair de si mesmo, colocando os outros sob o holofote.

AGENDA DA LIDERANÇA: CUIDAR DA EQUIPE

Este é o principal questionamento que o líder deve fazer em se tratando dos seus planos com a equipe: a maneira como estou liderando hoje me fará ser lembrado no futuro? Quais marcas estou deixando nas pessoas? O que eu ouviria se conseguisse ficar invisível quando estão falando de mim?

Não há como obter resultados sustentáveis sem a equipe. Conquistas somente são possíveis a partir do desprendimento do ego do líder que soube garimpar os talentos, as habilidades das pessoas, e fazer com que elas dessem as mãos em torno do propósito.

Se existe uma coisa que me indigna é ouvir uma pessoa dizer que a liderança não dá suporte ao seu crescimento ou que até a impede de crescer. Se a liderança recebe talentos, por que não os multiplicar? Às vezes é difícil para um líder, principalmente quando está começando, sentir orgulho ao ver as pessoas do seu time crescendo ou até se tornando melhores. Porém, a atitude é prejudicial para a própria liderança que depende de um time forte para dar resultados, e dos resultados para sustentar a sua posição.

Ouvi em uma palestra o alerta do pesquisador Niels Pflaeging sobre o perigo da baixa utilização que as lideranças fazem do potencial humano. Segundo ele, ao contratar as pessoas, a organização exige uma série de competências que, ao final de um ano, são subutilizadas, perfazendo uma média de 17% do que poderiam oferecer.

Comecei a perguntar para as pessoas o quanto elas estavam exercitando as competências que foram requeridas pela empresa e observei o susto que levavam ao pensar no assunto. Sugiro que faça este exercício: relacione todas as competências que foram exigidas de você ao ser contratado e compare com o que utilizou nas atividades e nos desafios aos quais foi exposto. Agora, faça o mesmo exercício com cada um dos seus liderados.

Se tudo aquilo que não é exercitado tende a atrofiar, não permita que o saldo de aprendizado dos seus liderados seja negativo, o que seria um crime emocional e intelectual com prejuízos futuros incalculáveis.

Desenvolvi um trabalho com um profissional que optou por se desligar da empresa na qual trabalhava antes de concluirmos o primeiro ciclo. O motivo? Seu líder o impedia de crescer, e ele decidiu que não permitiria que ele o encolhesse para parecer melhor. Pior ainda é aquele líder que algumas vezes deixa de desafiar o liderado e ainda utiliza narrativas como: "Ele ainda não está pronto; não posso queimá-lo agora; precisa gastar mais sola de sapato"; e por aí vai.

Portanto, novo líder, é vital estar atento e ouvir feedback de seus liderados para refletir se a forma como os lidera surte efeito de redução ou de crescimento. Os estudos, as pesquisas e as entrevistas apresentados até aqui ratificam o que outros estudiosos têm afirmado: a jornada para se transformar em um grande líder é humana; portanto, a solução comprovadamente eficaz é aprender sobre gente. Isso significa conhecer a si mesmo e se interessar profundamente por desvendar as pessoas, aprendendo a ajudá-las a liberar o próprio potencial. Uma vez consciente dessa necessidade vital, o novo líder deve fazer da competência humana o seu grande alvo e, assim, convergir esforços e investimentos em recursos para atingir essa transformação.

Ao tomar consciência do propósito da liderança, é hora de mergulhar em si mesmo para conhecer as suas necessidades e, depois, dedicar-se ao autodesenvolvimento, aprendendo, fazendo e se qualificando continuamente. Para isso, podem-se utilizar vários recursos, como *assessment*, pesquisas e ferramentas, que o auxiliarão a enxergar de maneira mais clara seus pontos fortes e suas fragilidades. Tudo isto para exercer a sua principal função que é ajudar as pessoas a evoluir, mesmo quando estas não acreditam em si mesmas ou estão com o "motivômetro" baixo. É uma função educativa que passa por ajudá-las a descobrir o propósito que as move, transmitindo valores enquanto ensina as atividades.

Acompanhei muitos líderes que iniciaram a sua jornada despreparados e se tornaram excepcionais por investir em ações que os ajudaram a interagir principalmente com os liderados e os superiores. Não delegaram para terceiros a responsabilidade de entender e se relacionar com o time. Esse é o ponto que deveria ser emoldurado e colocado bem na frente das lideranças que estão começando a sua jornada. A habilidade de relacionamento como condição para que o líder alcance os seus objetivos não é uma ideia nova nem uma reflexão pós-pandemia. Sempre foi isso que caracterizou a liderança extraordinária que obtém resultados positivos para a organização e para as pessoas.

Cuidar da equipe é um processo contínuo de educação e extensão que deve respeitar as condições de crescimento de cada um. Desde cedo, a nova liderança precisa aprender essa arte.

Quando se ouve "cuidar da equipe", um primeiro entendimento é o de que estamos nos referindo apenas ao lado da assistência afetiva, e não há nada mais limitante do que isso. Cuidar da equipe é fazê-la realizar ao máximo a sua capacidade, a fim de gerar orgulho, pertencimento e motivos para celebrar.

Sentimento de importância e poder são necessidades elevadas do ser humano. Toda pessoa precisa se sentir importante para acreditar que pode fazer coisas grandiosas e, assim, realizá-las de fato. A satisfação dessas necessidades começa por desafiar as pessoas ao gerar demanda por novos aprendizados. Dado o desafio, que pode ser uma meta, uma nova atividade, uma provocação de melhoria, é preciso orientar, dar feedbacks e apoiar os colaboradores até elevá-los ao máximo do seu potencial. A partir daí, eles podem ter autonomia e receber novas responsabilidades, participar de atividades mais criativas e sugerir melhorias.

Uma experiência muito positiva que vivencio há muitos anos é a formação das EMC. Mesmo que a empresa não tenha essa prática, a liderança poderá formar essas equipes e promovê-las na sua área, basta incentivar as pessoas a participar de uma equipe com o objetivo de solucionar problemas que estão ao seu alcance, capacitá-las na metodologia e apoiá-las para que se sintam motivadas a se reunir e aprender umas com as outras. Essa prática existe em várias boas empresas que obtêm resultados excepcionais no clima, na segurança, na produtividade, na redução de custos, no ambiente de trabalho e, principalmente, no senso de pertencimento dos colaboradores. Para quem quiser conhecer o passo a passo da metodologia, recomendo o meu livro de instrução *Equipes de Melhoria Contínua*.[31]

---

[31] CHAVES, N. **Equipes de melhoria contínua**: caderno de campo: método e ferramentas para equipes de melhoria contínua. Belo Horizonte: Falconi, 2019.

AGENDA DA LIDERANÇA: CUIDAR DO NEGÓCIO

Embora a nova liderança tenha, na maioria dos casos, sido escolhida por suas qualificações técnicas, deve saber que todo conhecimento tem validade. Portanto, é fundamental conhecer e entender os processos, as interfaces, os indicadores e quem são os melhores técnicos da área. Considero esse último fator imprescindível, pois o líder se sentirá mais seguro sabendo que existem pessoas competentes na operação, uma vez que investirá boa parte do seu tempo cuidando delas.

Ao inserir no planejamento ações para o seu desenvolvimento técnico e também o da equipe, a liderança terá condições de estimular as melhorias operacionais, saber onde estão os *benchmarks*, ter referências para ouvir ideias e sugestões de problemas trazidas pelo time. Cabe à liderança desenvolver as pessoas da equipe para uma operação eficiente e segura, dando a elas condições de contribuir com os resultados. É interessante observar que as pessoas ficam muito mais motivadas e se sentem importantes quando conseguem realizar um excelente trabalho. Afinal, nenhum time vibra quando não está ganhando o campeonato.

AGENDA DA LIDERANÇA: CUIDAR DA GESTÃO

Desde os primórdios da Administração Científica, tem sido comprovado o risco de se tocar um negócio sem ter se preparado antes. Isso porque toda atividade é direcionada para um resultado e, mesmo com todos os cuidados da gestão, ainda está sujeita a falhas por operar em ambientes cercados por fatores não controláveis.

Ao longo dos anos, a gestão foi modificando seus princípios, tornando-se mais humanizada e adicionando novos métodos, ferramentas e recursos tecnológicos, mas sem perder os conhecimentos científicos que contribuíram para a sua eficiência e eficácia. Portanto, os conhecimentos sobre método de gestão são imprescindíveis nos planos do novo líder.

AGENDA DA LIDERANÇA **125**

Ouço hoje alguns críticos dizerem que o método de gestão denominado PDCA (ou *plan, do, check, act*) está obsoleto, uma vez que foi aplicado após a Segunda Guerra. Com ele, os problemas passaram a ser resolvidos de uma maneira racional, com base em fatos e dados, e metas foram estabelecidas com mais coerência. A gestão até então era feita na base de tentativas e erros e levava as organizações a muitos desperdícios, que tornavam os produtos e serviços muito mais caros para os clientes.

Não vejo por que abolirmos um método que há décadas ajuda as organizações a realizar uma gestão inteligente. Se a humanidade descartasse todos os conhecimentos do passado, teríamos dificuldade para avançar com segurança rumo ao futuro. Mesmo as pesquisas mais avançadas e inovações disruptivas evoluem a partir de conhecimentos acumulados.

Antes de estudar metodologia de gestão, já havia visto esse modelo na Psicologia com o alemão Kurt Lewin,[32] criador da Teoria de Campo, que defendia que qualquer evento é o resultado de múltiplos fatores. Ele lidava com os problemas de seus clientes analisando relações causais antes de emitir qualquer conclusão. O modelo Pesquisa e Ação (PA) foi um dos estudos que inspirou o método de solução de problemas praticado na gestão científica.

O PDCA, ciclo desenvolvido por Edward Deming, estatístico estadunidense que atuou na recuperação do Japão após a Segunda Guerra Mundial, passa por uma dinâmica semelhante. Enquanto o modelo de Lewin estuda os problemas humanos, o de Deming estuda os das organizações. A afinidade entre eles é que todo problema começa pela consciência de que ele existe. Assim como o ser humano pode se acostumar aos problemas e adaptar-se a eles, as organizações também vão tolerando os seus problemas, adaptando-se e se acomodando às consequências. Sendo as organizações feitas de pessoas, e existindo nelas a tendência natural

---

32 MAILHIOT, G. **Dinâmica e gênese dos grupos**: atualidade das descobertas de Kurt Lewin. São Paulo: Vozes, 2013.

de cegueira aos problemas, é óbvio que esse fenômeno ocorrerá da mesma maneira nos dois âmbitos.

O PDCA, cujo objetivo é tratar um problema organizacional, tem a mesma dinâmica do modelo PA, que se destina a tratar de questão com pessoas.

MODELO PESQUISA E AÇÃO (DE KURT LEWIN)		MODELO PDCA (DE EDWARD DEMING)	
ETAPA 1	**Percepção do problema:** Reconhecer o que é indesejável e insatisfatório, substituindo a tolerância pela curiosidade e pela crença de que é possível eliminar o problema.	ETAPA 1	**Identificação do problema:** Reconhecer a existência de um efeito indesejável e criar um enunciado claro para o expor. Também neste caso se trabalha contra a postura de tolerância e conformismo em relação ao problema.
ETAPA 2	**Coleta de dados:** Informações, análises, compreensão, significado.	ETAPA 2	**Observação:** Reuniões, histórico, ferramentas de tecnologia, visitas aos locais e, principalmente, conversas com as pessoas que conhecem o problema.
ETAPA 3	**Diagnóstico:** Análise do estado atual e da lacuna em relação ao estado desejado.	ETAPA 3	**Análise de causas (*plan*):** Requer experiência e conhecimento para interpretar os dados coletados. Desenvolvimento de um Plano de Ação (*plan*). A qualidade da análise influencia a qualidade do plano.

MODELO PESQUISA E AÇÃO (DE KURT LEWIN)		MODELO PDCA (DE EDWARD DEMING)	
ETAPA 4	**Implementação:** Atividades e resultados. Esta fase fará a diferença, mas depende muito do quanto a pessoa está convencida da mudança.	ETAPA 4	**Execução (*do*):** Implantar as ações do plano conforme os prazos. Esta etapa depende da qualidade da liderança, da tecnologia, dos recursos e do engajamento dos responsáveis pela ação.
ETAPA 5	**Avaliação:** Definir critérios de mensuração e inferências e analisar seu significado.	ETAPA 5	**Verificação (*check*):** Verificar se as ações implementadas foram suficientes para resolver o problema.
ETAPA 6	**Feedback:** Fornecer insumo para retroalimentar o círculo.	ETAPA 6	**Ação (*act*):** Agir para manter o padrão ou girar o ciclo para corrigi-lo.

A comparação entre as duas dinâmicas permite demonstrar que, independentemente da natureza do problema, é necessário tratá-lo de maneira estruturada e científica, em vez de utilizar suposições ou o senso comum, o que pode levar a tentativas e erros.

APRENDIZADO EM CAMPO

08

á líderes que se comportam como se a competência reconhecida ao assumir a posição não perdesse a validade. Embrenham-se nas operações e não enxergam as atualizações. Há aqueles que não participam nem do desenvolvimento oferecido pela empresa porque "não têm tempo". Não sabem que o aprendizado deve ser gradual e contínuo enquanto ocuparem a posição de liderança, seja por meio de conexões, feedbacks, redes de aprendizado dentro e fora da organização, workshops, congressos, revistas especializadas e outros meios de atualização. Se a pessoa continuar fazendo apenas o que sabe, deixará de crescer e ainda influenciará negativamente a sua equipe, que não terá o exemplo do aprendizado contínuo.

Estudos dos professores Morgan McCall, Robert Eichinger e Michael Lombardo, do Center for Creative Leadership, na Carolina do Norte (EUA), apresentam um modelo de aprendizado chamado de 70:20:10,[33] que mostra que as pessoas aprendem em média 70%

---

33 MARQUES, J. R. Como funciona o modelo de aprendizagem 70 20 10 nas empresas. Instituto brasileiro de coaching (IBC), 3 jun. 2019. Disponível em: https://www.ibccoaching.com.br/portal/como-funciona-o-modelo-de-aprendizagem-70-20-10-nas-empresas/. Acesso em: 8 jul. 2022.

quando praticam, 20% compartilhando e fazendo trocas e 10% por aprendizado formal.

Mesmo considerando que cada um tem uma capacidade diferente de aprender na unidade de tempo, a maior parte do aprendizado do adulto acontece efetivamente na prática. Porém, é importante a distribuição das formas de aprendizado, pois, se a pessoa se concentrar apenas na prática, poderá errar mais, ficar mais insegura e desorientar a equipe. Se sobrecarregar a sua agenda de cursos e outras modalidades de caráter cognitivo, tornará o seu aprendizado mais demorado, perderá a oportunidade de comprovar a aplicabilidade dos conceitos e terá menos proximidade com a equipe.

Os 20% do modelo são aprendidos por meio de relacionamentos com outros líderes, trocas e compartilhamento de experiências de aprendizado, processos de coaching executivo ou mentoria. Nem todos podem contar com esse recurso, mas um novo líder se sai muito melhor se orientado pela sua liderança ou por um mentor até que esteja mais seguro para desempenhar o novo papel. Como uma ave que durante algum tempo precisa se fortalecer e ganhar firmeza nas asas para sair do ninho e voar sozinha.

Quanto aos 10% do aprendizado formal, apesar de representarem um número baixo, são essenciais para embasar a prática. Como li em uma frase de autoria desconhecida: "Nada mais prático do que uma boa teoria". Como expliquei para um cliente, sem incluir esses 10% de aprendizado formal na sua agenda, não saberá explicitar os conhecimentos adquiridos na prática nem compartilhar aprendizados.

Por isso, esse modelo requer que as três modalidades sejam integradas. Embora tenham pesos diferentes, é imprescindível que coexistam para assegurar a efetividade do aprendizado.

Fiz uma associação desse modelo com a Taxonomia de Bloom,[34] originária dos estudos do psicólogo e pedagogo estadunidense

---

34 HAMZE, A. A taxonomia e os objetivos educacionais. **Canal do educador – Brasil escola**. Disponível em: https://educador. brasilescola.uol.com.br/trabalho-docente/a-taxonomia-e-os-objetivos-educacionais.htm. Acesso em: 8 jul. 2022.

Benjamin Bloom, que nos mostra como o aprendizado deve estar conectado ao propósito de ajudar o ser humano a ir além e realizar as suas potencialidades.

No modelo que integra os dois anteriores, propus algumas ações para ajudar a nova liderança a distribuir os seus 10, 20 e 70% nos diversos níveis, enfatizando que a prática é predominante, mas é preciso conhecer e compreender a jornada.

POTENCIALIZAÇÃO DO APRENDIZADO
DA NOVA LIDERANÇA

Modelo integrado de aprendizado + Adaptação da Taxonomia de Bloom

70% Fazer Experiências

20% Compartilhar Trocas, aprendizado social

10% Saber Aprendizado formal

CRIAR — A partir da etapa anterior, elaborar ações de melhoria e inovação na sua liderança. Ex.: Buscar referências nos líderes que admira, na mentoria, em coaching, colegas, cursos, livros, fóruns de compartilhamento e trocas. Foco no propósito e nos motivos certos para se tornar uma liderança inspiradora e transformadora.

AVALIAR — Autoavaliar, pedir feedback de pessoas da sua confiança (líderes, pares, liderados, mentores): "Como estou me saindo como líder? Em que posso melhorar".

APLICAR — Elaborar a agenda do líder considerando autodesenvolvimento e desenvolvimento da equipe (aspectos técnicos e socioemocionais), visitando as informações das duas etapas anteriores.

COMPREENDER — Analisar as informações coletadas na etapa anterior. Agendar um tempo para compreendê-las através de entrevistas, visitas, perguntas, anotações e comparação de referências.

CONHECER — Pessoas (a si mesmo, os colaboradores, todas as outras com quem se relaciona) através de processos, interface, histórico de resultados, problemas, metas, indicadores, entregas críticas, competências da nova função, rituais que exigem sua participação.

Essa estrutura pode ser utilizada em várias situações para ajudar a liderança a gerenciar o que está aprendendo ou ensinando. Vamos a um exemplo de sua aplicação na contratação de metas com a equipe.

- **Conhecer:** Qual é a meta, indicador a que se refere, histórico, *benchmark*?
- **Compreender:** A meta foi estabelecida racionalmente? Qual é o impacto dela no resultado? Como cada membro da equipe poderá se comprometer com ela? Qual o grau de dificuldade para alcançá-la, o tipo de suporte que pode ser oferecido à equipe, à competência das pessoas para contribuir com ela, ao engajamento para colocá-la em prática?
- **Aplicar:** Realizar uma reunião com o time não apenas para explicar com base nas informações dos dois itens acima, mas para engajá-lo e inspirá-lo a fazer parte da conquista da meta.
- **Analisar:** Examinar as reações, dificuldades, resistências, dúvidas, manifestações de apoio, o silêncio de algumas pessoas, a forma de comunicação de todos.
- **Sintetizar:** Conectar todo o processo, relacionando os fatores. Por exemplo: as reações desfavoráveis e a comunicação.
- **Criar:** Uma vez que a liderança passou pelas demais etapas e sintetizou a sua conclusão, quais estratégias deve adotar para corrigir ou reforçar? Mudar a forma de se comunicar? Estimular perguntas? Dar mais exemplos mostrando a viabilidade da meta? Utilizar mais a inspiração? Pedir a alguma pessoa da equipe para parafrasear?

Ao exercitar, sempre que possível, essa estrutura de aprendizado, a liderança perceberá a evolução gradativa na sua função de aprender e ensinar. Vamos considerar que, durante uma semana, o líder trabalhe quarenta horas, quase sempre mais. Qual porcentagem desse tempo está nos seus planos para se dedicar ao autodesenvolvimento?

ORGANIZE O TEMPO PARA DESENVOLVER AS COMPETÊNCIAS

A nova liderança pode estar contaminada com a crença de que, se a sua escolha se justificou pelo excelente desempenho naquilo que fazia, deve continuar cada vez mais mostrando competência nesse campo. O seu desenvolvimento passa pela mudança dessa crença. O desafio agora é outro. O líder deve aprender as competências que ainda não domina para tomar a direção adequada.

Ainda que a empresa não tenha o papel e as competências da liderança tão claramente definidos, há caminhos que podem ajudar os líderes a identificar seus principais objetivos e a traçar um plano para a sua jornada. A largada pode ser simplesmente conhecer as competências exigidas para a sua posição e avaliar a distância até elas.

Já dizia Sócrates: "Só sei que nada sei, e o fato de saber isso me coloca em vantagem sobre aqueles que acham que sabem". Embora os seus ensinamentos não tenham sido escritos, chegaram aos nossos tempos nos alertando para a necessidade de conhecermos a nossa ignorância, a fim de nos aproximarmos do conhecimento verdadeiro, sem "achômetros" e senso comum, que normalmente vem carregado de velhas crenças e preconceitos. Enfim, a busca pelo conhecimento passa pela tomada de consciência da própria ignorância.

O exercício de identificação dos níveis de suas competências é um dos recursos que poderão ser utilizados para elaborar um plano de autodesenvolvimento consistente. Ademais, esse exercício evoca a humildade de reconhecer que os louros do passado cumpriram a função de destacá-lo no papel anterior, mas, no momento presente, você deve encarar as suas lacunas.

Os níveis de consciência sobre as competências foram utilizados por vários estudiosos, sendo a sua autoria atribuída a Noel Burch, da Gordon Training International, na década de 1970.[35]

---

35 VARGAS, R. Os 4 estágios da competência. **Gestão Industrial**, 8 maio 2019. Disponível em: https://gestaoindustrial.com/os-4-estagios-da-competencia/. Acesso em: 9 ago. 2022.

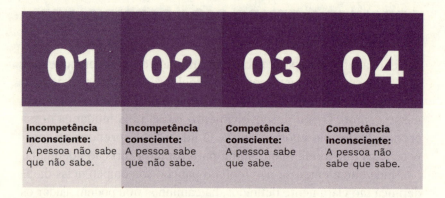

Um caso prático sobre a utilização dos níveis de competência aconteceu quando estávamos apoiando a empresa Carmine, do segmento de cosméticos. Havia dois meses que Vanessa, líder da área, estava incomodada com o número de demissões que o supervisor de produção vinha fazendo.

Conversando com ela sobre o problema, vimos que a principal causa das demissões eram os erros operacionais que geravam retrabalho, quebras e devoluções. O supervisor verificava qual era o turno, identificava as pessoas que estavam cometendo aquelas falhas e as demitia. As decisões desse profissional não estavam surtindo efeito, pois outras pessoas tinham de ser contratadas, e a maior parte delas era desligada precocemente por cometer os mesmos erros.

Mostrei para ela o quadro dos níveis de competência e sugeri que conversasse com o supervisor, analisando cada pessoa da equipe segundo tais critérios. É muito difícil trazer do mercado pessoas com domínio na competência necessária. Algumas delas achavam que sabiam porque chegavam com um pouco de experiência adquirida na empresa anterior, mas esse tipo de percepção é ainda pior, pois, sem consciência da incompetência, podem cometer erros ainda maiores.

Eles fizeram uma análise do time e chegaram a alguns integrantes que já conheciam os padrões, e em quem a maneira de trabalhar já estava incorporada. Esses poucos foram classificados na categoria dos competentes inconscientes. Outros trabalhavam bem, mas precisavam recorrer a instruções dos padrões e orientações do supervisor (incompetentes conscientes). Outros ainda eram incompetentes inconscientes, pois achavam a atividade muito simples e tentavam executá-la sem os padrões, observando os colegas, e não se interessavam pelas instruções e outras fontes de conhecimento que pudessem melhorar a experiência.

Após a análise, decidiram investir na competência de todo o time com uma ação imediata e bem simples. Montaram um plano de treinamento no local de trabalho, também conhecido como OJT (*On the Job Training* – aprendizado em campo), escolhendo os mais competentes para ensinar os novatos, e eles passaram a assumir a atividade por conta própria somente após serem certificados pelos *trainers*.

Em seguida, revisaram conjuntamente os padrões. Esse movimento foi muito importante para pensarem em ideias de melhoria e gerar maior pertencimento na equipe. Concluíram que as pessoas estavam errando porque o desafio era maior que a habilidade. Todos podem se tornar mais competentes ampliando o conhecimento e a prática de maneira contínua.

Não adianta querer contratar pessoas totalmente prontas em todas as competências. Sempre será necessário investir na capacitação delas e no entendimento da cultura da empresa. Aquele líder estava utilizando um ritual equivocado, punindo os erros com a demissão. Os colaboradores, com medo de errar, acabavam errando ou se acidentando mais. A competência requer um ambiente psicologicamente seguro para se desenvolver.

Quanto ao supervisor, era incompetente inconsciente. Achava que estava fazendo certo e, na realidade, gerava um custo vicioso para a empresa com a alta taxa de desligamento. Sua líder tomou consciência da própria ignorância no assunto, pediu ajuda e conseguiu reverter o problema.

O professor Vicente Falconi afirma com frequência em seus vídeos e palestras que as pessoas não convivem com problemas de alto custo, baixa produtividade, baixo engajamento, clima ruim, perda de clientes etc. porque querem. Obviamente, falta conhecimento e experiência para que tomem a atitude correta. Se elas soubessem como resolver o problema, já o teriam feito.

Há casos em que as pessoas se tornam especialistas e utilizam isso como álibi para não aprender sobre outras áreas. Têm consciência da lacuna da competência em determinado assunto, mas acham que o conhecimento atual é suficiente. Já ouvi várias vezes frases como: "Sou engenheiro, não entendo nada de gente"; "Sou do RH, não sei nem gosto de métodos de gestão, tecnologia... Tudo o que tem número eu rejeito"; "Sou da área comercial, sei navegar bem nela, mas não me venha com essas coisas de dar feedback para vendedor da minha equipe que isso me tira do sério". O autor Peter Drucker classificava tal comportamento como uma arrogância intelectual,[36] o que acaba criando o estado de ignorância incapacitante. O antídoto é tomar consciência da lacuna da competência e ter a humildade de buscar conhecimento para superá-la.

Um líder extraordinário se forma por uma jornada de competências contínuas, uma vez que os desafios são renovados constantemente. Sempre seremos ignorantes, só que em assuntos diferentes. Combatemos a ignorância identificando as lacunas e buscando conhecimento. Conheci líderes que começaram inseguros, cheios de dúvidas, mas, com dedicação e disciplina, firmes no caminho do aprendizado, alcançaram patamares extraordinários.

A competência inconsciente também tem os seus riscos e não pode ser dada por garantida. A analogia mais utilizada é que, depois

---

36 DRUCKER, P. F. Gestão de si mesmo. *In*: CHRISTENSEN, C. M. *et al* (org.). **Gerenciando a si mesmo (10 leituras essenciais – HBR)**: artigos fundamentais da Harvard Business Review sobre como administrar a própria carreira. Rio de Janeiro: Sextante, 2018.

de aprender a dirigir, todos os movimentos são feitos de maneira automática. Porém, como vivemos em uma era de mudanças rápidas e incertezas, a liderança, seja nova, seja experiente, nunca poderá ser deixada no automático, pois lida com pessoas e surpresas o tempo todo, o que exige constante estado de observação.

A competência consciente é a mais desejada para a liderança. Por mais que tenha domínio das competências, o líder deve agir de maneira consciente, planejando as abordagens dos liderados, a participação em uma reunião, a forma de se comunicar com a equipe, com os clientes etc. Toda ação da liderança tem impacto sobre as pessoas. Basta estar de mau humor para impactar o ambiente e influenciar a equipe.

AMPLIANDO AS COMPETÊNCIAS

Ainda que a nova liderança tenha alguém para orientar internamente, mentoria ou coaching externo funcionam como um espaço isento e seguro para compartilhar dúvidas, problemas, conflitos internos ou com as pessoas e, assim, deixar o caminho livre para o desenvolvimento. Algumas empresas já entenderam o impacto do coaching e o oferecem para facilitar a transição do profissional e acelerar a sua performance. Porém, recomendo o protagonismo individual também na busca desse recurso. Grandes líderes, como Steve Jobs e Bill Gates, reconheceram o quanto o coaching fez a diferença na vida deles.[37]

O processo de coaching se inicia pela identificação das competências necessárias ao líder, alinhadas aos objetivos da empresa, e, a partir de uma avaliação do profissional, eles acordam as prioridades

---

37 ECKFELDT, B. How Steve Jobs, Eric Schmidt, and Bill Gates Became Even Better CEOs. **LinkedIn**, 10 fev. 2022. Disponível em: https://www.linkedin.com/pulse/how-steve-jobs-eric-schmidt-bill-gates-became-even-better-eckfeldt/?trk=pulse-article_more-articles_related-content-card. Acesso em: 10 ago. 2022.

a serem trabalhadas. Devido à sua isenção, o profissional de coaching dará feedbacks assertivos e o líder terá abertura para expor livremente as suas dores e dúvidas e esta confiança entre eles acelerará o desenvolvimento de suas habilidades e capacidades.

O coaching executivo precisa ser conduzido por alguém reconhecido pela senioridade em temas organizacionais, que tenha entendimento do mercado e da carreira e possua uma trajetória profissional que permita embasar exemplos e inspirações para o cliente. Ele apoia o novo líder, ajudando a potencializar os pontos fortes e, por meio deles, alcançar objetivos, sem deixar que os pontos que ainda precisam ser melhorados sejam limitadores.

As principais dicas para selecionar um coach executivo são:

- Pesquisar a senioridade (o LinkedIn é uma boa fonte).
- Realizar uma entrevista (para garantir que vocês se darão bem).
- Analisar se você teve empatia e admiração pela pessoa.
- Ter em mente de que é permitido experimentar. Se uma opção não o atender, mude.

Mas esteja certo de que a maior parte das melhorias dependerão de você. O coach é apenas um facilitador da sua jornada. Não basta comparecer às sessões, é preciso traçar um plano, levar a sério, colocar as ações em prática e estar certo de que o objetivo será alcançado.

Tenho um cliente, presidente de uma empresa bem-sucedida, que ele mesmo me cobra o "para casa". Faço perguntas para ajudá-lo a encontrar as soluções e, a partir das próprias reflexões, da imersão sobre o contexto e a atuação, os pontos fortes se intensificam e os demais são melhorados.

Para aqueles que ainda têm preconceitos quanto à utilização do coaching para o seu crescimento, há um depoimento do ex-ministro Pedro Parente, ex-presidente da Bunge, no livro *Coaching executivo*,[38] em que ele confessa que subestimou o proces-

---

38 BLOCH, V.; MENDES, J.; VISCONTE, L. **Coaching executivo**: uma questão de atitude. São Paulo: Elsevier, 2011.

so, mas depois viu que estava redondamente enganado. Por meio desse recurso, ele conseguiu descobrir a oportunidade que o fez voltar a se sentir feliz como executivo.

Outro efeito positivo de utilizar esse processo é que a maior parte do aprendizado será praticada com a sua equipe, pois a liderança só se expressa por meio dela. Os melhores líderes aprendem a utilizar técnicas de coaching com seus times, principalmente aquelas que ajudam a construir relações de confiança, a identificar e admitir vulnerabilidades e a ter humildade para pedir ajuda.

REGISTRE OS APRENDIZADOS

Há quem prefira utilizar o campo de notas do smartphone ou de outro dispositivo, quem utilize o caderno (meu caso) e quem saia de uma palestra ou de um curso interessante sem anotar nada. Li uma matéria[39] que falava de uma palestra do CEO do Facebook, Mark Zuckerberg, para jovens no Vale do Silício. Os jovens pareciam encantados, mas havia dois investidores renomados, os mais bem-sucedidos da plateia, de cabelos brancos, John Doerr e Ron Conway, que tomaram notas o tempo todo.

Nossa memória não consegue reter informações por muito tempo. Se você investe oito horas em um curso interessante, e sabe que se lembrará de no máximo 20% dos ensinamentos, ficaria bem em pensar que jogou fora 80%? Seja lendo um livro, assistindo a uma aula ou acompanhando uma sessão de coaching ou mentoring, é muito importante fazer registros.

O professor Vicente Falconi, há décadas, é uma referência em gestão no Brasil. Há pouco tempo, após os seus 80 anos, interessou-se por aprender inteligência artificial. Ele registra os estudos, elabora mapas mentais e faz associações adotando a postura de

---

[39] NOGUEIRA, P. Pessoas produtivas anotam. **Época Negócios**, 4 set. 2013. Disponível em: https://epocanegocios.globo.com/Inteligencia/noticia/2013/09/pessoas-produtivas-anotam.html. Acesso em: 10 ago. 2022.

aprendiz. Já ouvi de um professor que escrever tem um efeito mais efetivo do que digitar, e para mim funciona melhor. O aprendizado tem várias faces, e a mais efetiva delas é o que se aprende fazendo.

IMPACTO DO APRENDIZADO EM CAMPO

Se em torno de 70% do aprendizado acontece na prática, a pessoa deve aprender um pouco todos os dias no trabalho para alcançar a competência máxima do seu potencial.

Uma das vias de aprendizado no início de carreira que muito me marcou foi o curso de Gestão para a Qualidade, com visitas de *benchmark* ao Japão. O curso era ministrado por professores experientes que nos traziam muitas lições das empresas em que trabalhavam. Mas, além do conteúdo, aprendíamos muito com a curiosidade de fazer perguntas e o interesse em observar a cultura.

Observei o quanto eles prezavam pela simplicidade e pela objetividade. Você pode ter a teoria, mas tem de pragmatizá-la. As frases mais representativas: "OK, você tem esta ideia? Muito bom! Obrigada por compartilhar! Ela resolve qual problema? Quais foram os fatos e dados que você coletou para caracterizar o problema? Como você pretende convertê-la em algo concreto? Vai precisar de quê? Quando será o teste?". Enfim, sempre concluíam com um plano de ação, demonstrando que a ideia não era uma fumaça, mas algo concreto.

Eles faziam da complementaridade um recurso valioso para ensinar as pessoas e desenvolvê-las mais rápido. Operários com engenheiros, novos profissionais com os mais experientes, e assim por diante. Esse método acelerava a senioridade dos mais jovens e fazia os mais experientes se tornarem professores na prática. Aliás, aprender fazendo é algo que há muitos anos os japoneses praticam e a eficácia desta estratégia é comprovada na andragogia (educação para os adultos).

Um programa de aprendizado em campo é muito útil para que a nova liderança aprenda e ensine. Suas principais etapas são:

- Identificar o conhecimento existente e as lacunas de conhecimento de cada um com base nas capacidades requeridas;
- Fazer um plano para desenvolver os conhecimentos;
- Acompanhar e avaliar sistematicamente o aprendizado;
- Certificar-se da aquisição do conhecimento ao final do ciclo.

A seguir, apresento alguns insumos sugeridos na pesquisa com os novos líderes para o aprendizado em campo (*on the job TRAINING – OJT*):

- Padrões (o que já é consolidado no processo);
- Solução de problemas (anomalias e falhas que aparecem no processo);
- Orientações da liderança (pedir explicações sobre as atividades e seus porquês);
- Colaboração com colegas mais experientes (é mais rápido e seguro aprender com quem já sabe).
- Processos e sinergia entre eles;
- Atividades e alçadas para poder delegar e decidir.
- Cultura da empresa (utilizar os valores como referência, aprender os rituais, a comunicação, as reuniões e seus públicos).

Exemplos de ações que facilitam a aprendizagem na prática:

- **Trocas**: conversas com o mentor ou coaching, reuniões com profissionais externos, receber orientações e exemplos da liderança, atuar junto a um líder mais experiente, pedir feedback, avaliações constantes sobre o aprendizado e ajustes etc.
- **Estar mais próximo das atividades funcionais**: verificar a execução das atividades, ouvir e dar suporte à equipe, estudar os processos da área, tirar dúvidas próprias ou da equipe, acompanhar os resultados, ajudar a priorizar os problemas, conduzir as reuniões de solução, preparar e participar das reuniões de resultados.

A FORÇA DO POTENCIAL MENTAL E DA MOTIVAÇÃO NO APRENDIZADO

Para a rota de aprendizado da liderança, sugiro retornarmos aos conceitos de Maslow, "cada pessoa tem uma velocidade diferente para aprender na unidade do tempo".[40] Cada indivíduo possui níveis distintos de potencial mental e de motivação, e que podem ser barreiras para o aprendizado. Lembro aqui a abordagem que fiz no capítulo do autoconhecimento e do conhecimento das necessidades humanas, porque são elas as principais motivações para o processo de desenvolvimento por meio do aprendizado.

A figura a seguir mostra que a **demanda** vem em primeiro lugar. Sem uma necessidade bem estabelecida, o adulto não se motiva a aprender. Após a definição das necessidades é que as fontes de conhecimento são selecionadas para satisfazê-las. O fluxo do conhecimento até a satisfação da necessidade passa por duas válvulas que deverão ser liberadas para que ele chegue até o destino: a motivação (querer aprender) e o potencial mental (capacidade de aprender).

---

40 MASLOW, A. H. **Motivation and personality**. New York: Harper & Row, 1954.

Segundo a andragogia, a eficácia do aprendizado depende da necessidade percebida pela pessoa, do quanto será útil para a sua vida. Por ver que isso é uma verdade, vou enfatizar, a seguir, a demanda e o fluxo que leva o indivíduo até a motivação sob a perspectiva da nova liderança.

Demandas da nova liderança

As mudanças intermitentes do contexto vão continuar exigindo novas competências, mas algumas são essenciais e não têm sofrido tantas alterações ao longo de décadas. Algumas pessoas colocaram a mão na massa, estudaram e aprenderam na prática a liderança que exercem hoje e tornaram-se referências na formação de novos líderes. Uma delas, Viviane Martins, atualmente CEO da Falconi, esculpiu a sua liderança ainda muito jovem, passando por vários tipos de culturas, modelos e situações desconhecidas. A entrevista com ela reforçou algumas demandas muito úteis ao aprendizado de lideranças estreantes ou de profissionais que estão se preparando para essas posições. Vou utilizar alguns pontos que ela me trouxe e complementá-los com comentários ou exemplos.

- **Dar a direção**. Sem direcionamento, todos trabalham muito e não chegam aonde deveriam. A liderança precisa estudar o contexto para exercer a curadoria da multiplicidade de informações e de novas ofertas de metodologias e tecnologias, filtrando o que é útil para a equipe. Não pode deixar o time perdido, batendo a cabeça. Essa análise crítica evita que os envolvidos sejam reféns de falsas inovações (pressões de modismos que surgem com roupa de inovação), criem novos rituais e, ao final, não entreguem as melhorias prometidas. É essencial dar direcionamento, também, para as inovações, para não deixar as pessoas à deriva. Se houver dedicação nos fundamentos, nos conhecimentos acumulados, será possível direcionar as pesquisas, as simulações de custo e o valor agregado, ampliando as chances de aproveitamento do que se propõe a inovar.
- **Equilibrar o nível de expectativa**. Antes, a vida pessoal era o lugar da felicidade e o trabalho era o lugar do sacrifício.

O mundo do trabalho está mudando para oferecer condições de bem-estar, segurança psicológica, respeito à diversidade e menos rigidez na hierarquia. A liderança precisa aprender a construir um clima agridoce, em que as pessoas tenham clareza daquilo que é bom para elas, mas que seja viável para a empresa, sem permitir que elas se descolem da realidade. Isso é possível à medida que a liderança tem proximidade com as pessoas para contar o que está acontecendo, tirar dúvidas, falar e dar exemplos de como praticar o propósito.

- **Saber a nova forma de se comunicar**. O líder não pode deixar as pessoas sem retorno. Vivemos a era da comunicação fluida, em que as redes sociais nem sempre são utilizadas com respeito e responsabilidade. A liderança precisa se conscientizar de que tem um peso muito maior na comunicação. Em vez de compartilhar comentários nocivos com os seus pares quanto a um assunto que ainda não está decidido, gerando discórdia e tumulto no clima, utilize os canais para reforçar aquilo que se quer fortalecer. A comunicação é o mais poderoso recurso do novo poder. Por ela, engajam-se as pessoas em causas importantes ou afastam-nas para outras direções.

- **Cobrar ou ser cobrado**. Há líderes que se sentem desconfortáveis na hora de cobrar seus liderados, pares ou a própria liderança. Alguns cobram já pedindo desculpa: "Eu sei que você está bem apertado esta semana, que as coisas não têm sido fáceis, mas...". Depois da introdução, a pessoa fica confortável com o álibi e passa a sempre dar desculpas. Para evitar que isso ocorra, sugiro que leve em conta a capacidade da pessoa (conhecimento e carga de trabalho), além de combinar formalmente um prazo de entrega. Se a entrega anteceder o prazo e estiver coerente com os valores, agradeça. Utilize-a como exemplo para influenciar a equipe. Se não estiver dentro do prazo, faça a cobrança, lembrando o que foi combinado. Se estiver dentro do prazo, mas sem qualidade, reoriente ou coloque o colaborador para trabalhar com alguém que saiba fazer melhor – aqui entra a importância dos feedbacks.

- **Aprender a lidar com conflitos.** A confiança é predecessora de todas as interações da liderança. Ao construir confiança entre os liderados, em vez de comentários reservados ou comportamentos nocivos, o líder mediará discussões entre os envolvidos sem sentir medo dos resultados. Os conflitos fazem parte da convivência humana, seja no âmbito profissional ou pessoal, e a competência de tratá-los será cada vez mais exigida para liderar em um ambiente de diversidade, inovação e mudanças.

• •

Estava atendendo um órgão público no norte brasileiro e já vinha tentando, sem sucesso, agendar uma entrevista conjunta com duas colaboradoras influentes no processo. Ambas eram pessoas ótimas, profissionais comprometidas e estavam envolvidas em um conflito crônico de muitos anos que acabava refletindo em suas equipes.

Uma delas me pediu que fosse entrevistada individualmente para evitar o contato com a outra. Continuamos a conversar, e ela relatou que se desentenderam por uma causa banal, mas que agora não conseguiam mais se aproximar porque havia passado muito tempo. Sabendo a origem do conflito e percebendo o quanto aquela situação estava incomodando, fui mostrando os efeitos positivos para todos se resolvessem aquele problema selado por uma crosta, que ela mesma admitiu ser sem sentido.

Ela disse que gostaria muito de resolver, mas teria de vencer a batalha contra o orgulho, pois precisaria ter a iniciativa de aproximação. Uns meses depois, recebi uma mensagem dela dizendo que propôs a difícil conversa e que agora estavam todos mais leves, podiam participar da mesma reunião sem se incomodar e as equipes estavam interagindo sem constrangimento. Ela disse também que é como se tivesse tirado das costas um saco de pedras que levava todos os dias para o trabalho.

• •

ESTRUTURANDO A CONVERSA DIFÍCIL

A experiência relatada no tópico anterior nos traz o aprendizado de que, se deixarmos o conflito se acomodar, logo vem outra camada, e outra, e elas abalam a nossa saúde mental e causam mal-estar. Se algo não está bem, seja com alguém da equipe, pares, líderes etc., procure a pessoa, converse com base naquilo que aconteceu, sem vitimismo, mas com vontade de transformar o conflito em um esclarecimento. Além de praticar nas próprias relações, a liderança precisa estar preparada para mediar conflitos entre a equipe. Quando as causas são relacionais – e na maioria das vezes são –, podemos utilizar a técnica da Comunicação Não Violenta, ou mesmo a estrutura de solução de problemas.

Técnica da Comunicação Não Violenta (CNV)

Essa técnica foi criada em 1960 pelo psicólogo estadunidense Marshall Rosenberg e tem uma estrutura bem simples que pode ser utilizada nos meios empresariais, familiares ou sociais para ajudar a solucionar um conflito.[41] Digo ajudar porque toda ferramenta depende de quem a utiliza. A verdade dos fatos pode vir à tona e também os sentimentos, mas a maneira como falamos com o outro pode resultar em esclarecimento e fortalecer as relações; ou cortá-las de uma vez.

A CNV se estrutura em quatro pontos:

- **Observação**: Quais fatos caracterizam o conflito?
- **Sentimento**: Como esse fato me afeta?
- **Necessidade**: O que gostaria que acontecesse para não sentir mais esse incômodo?
- **Pedido:** Pedir o que gostaria para atender sua necessidade, procurando um acordo com a outra pessoa. Esse pedido não

---

41 ROSENBERG, M. **Comunicação não violenta**: técnicas para aprimorar relacionamentos pessoais e profissionais. São Paulo: Ágora, 2021.

pode ser uma imposição, e é importante que a pessoa perceba o quanto você gostaria de resolver o incômodo e voltar a conviver de maneira saudável.

Já utilizei essa estrutura várias vezes e a recomendei para clientes que me deram, posteriormente, depoimentos muito positivos sobre os seus efeitos.

Técnica de solução de problemas para tratamento de conflito

Essa técnica tem uma lógica bem familiar para todos que a utilizam na gestão. A primeira coisa para solucionar um problema é reconhecer que ele existe. No caso do conflito, não se pode fazer de conta que nada está acontecendo nem reduzir a importância dele.

- **Identificação do problema:** Reconhecer a existência do conflito. Por exemplo, comportamentos agressivos entre o gestor de sustentabilidade e a gestora de planejamento.
- **Observação do fenômeno:** Pesquisar a sua origem, quem ele envolve, como ele se apresenta e em quais momentos. "A gestora levou as metas já definidas para a reunião da diretoria e o gestor não concordou com as dela." É preciso se ater aos fatos, sem julgamentos e sem tomar partido.
- **Análise dos porquês de o conflito ocorrer:** Pesquisar as causas. A gestora havia feito duas reuniões para negociarem coletivamente as metas, e o gestor não participou; como teria de apresentar o que havia planejado, ela se baseou em alguns *benchmaks* e levou para a reunião da diretoria; ele tomou conhecimento durante a reunião, mas não se posicionou; o foco do comportamento dele no momento está em mostrar à gestora que está insatisfeito com ela.
- **Ações:** O que fazer para neutralizar as causas; quem vai fazer e quando. Muitas vezes é necessário humildade de uma das partes para tomar a iniciativa.

EXPANSÃO DO POTENCIAL DO LÍDER

09

ENTENDER E PRATICAR VERDADEIRAMENTE A ORIENTAÇÃO PARA RESULTADOS

E ssa "expressão" se tornou um mantra proclamado por pessoas físicas e jurídicas. Como a liderança de um novo tempo pode entender isso e dar a devida importância a algo que é muitas vezes banalizado?

Primeiro, é preciso avaliar se, ao falarem de resultados, estão se limitando aos indicadores financeiros. Aprendemos nos estudos sobre gestão que resultado é um fim, e tudo que se faz para obtê-lo é o meio. Resultado é uma consequência de ações, uma demonstração de se foi feita a coisa certa ou não. Portanto, um bom resultado está relacionado à satisfação de todas as pessoas envolvidas com aquilo que é desenvolvido na organização e seus impactos fora dela.

Buscar o lucro é necessário, claro, porque nenhuma organização sobrevive sem ele. O problema é colocar a busca por dinheiro como o grande alvo. As organizações que têm obsessão pelo lucro, estabelecem metas imediatas e ativam a competição interna acabam se enfraquecendo, pois ofuscam o propósito, alimento vital para a longevidade do negócio.

Os resultados são obtidos por meio das pessoas, e, se elas não percebem o valor na empresa, deixam de se motivar pelos resultados, pois sentem que ele não lhes pertence. O pensamento por trás é: "por que enriquecer os outros se não se importam comigo?".

São vários atores que necessitam dos resultados dos processos, como uma corrente com interações de causa e efeito conforme a demonstrada na figura a seguir:

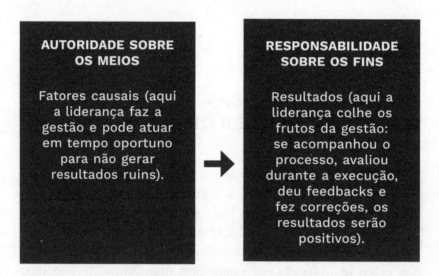

A liderança precisa analisar essa relação para evitar que seja cobrada pelos fins (os resultados) sem ter autonomia sobre os meios. O mesmo ocorre em relação à equipe. Ao delegar uma atividade, é preciso refletir se a pessoa que a desempenhará tem autoridade sobre os meios. Assim, ela poderá se sentir responsável pelos resultados.

PENSAMENTO E AÇÃO DE CURTO PRAZO NÃO INSPIRAM O FUTURO

Alguns líderes estreantes tendem a repetir o padrão aprendido com os seus superiores e dedicam toda a energia e os recursos disponíveis nas metas de curto prazo, como se a cada ano começasse um novo ciclo. Portanto, esse alerta é vital para o novo líder, pois, na tentação de reforçar o quanto merecia ser indicado para aquela posição, ele pode começar a lutar por resultados de curto prazo, o que o colocará no time dos "apagadores de incêndio".

A visão curta não contribui para a longevidade da organização nem o máximo desenvolvimento do potencial das pessoas. Ainda há as organizações que fortalecem as mentes de curto prazo, enviando mensagens erradas quando reconhecem quem trouxe resultados, descuidando das pessoas, ou quem brilhou sozinho na constelação dos *nine box* ou outros classificadores de desempenho, deixando a equipe para trás.

Se na empresa há pessoas que decidem coisas do tipo, o alerta para as novas lideranças é não se deixarem influenciar, mas sim utilizarem o pensamento crítico para evitar o efeito a longo prazo para as pessoas que lidera. Como o novo poder reforça os influenciadores, poderão ser adotadas algumas estratégias dos princípios citados no Capítulo 5, visando ajudar os líderes mais antigos a simular os efeitos futuros do que fazem no presente.

A CORAGEM DE DECIDIR APRESENTA A LIDERANÇA

Desde os primeiros passos, a liderança é testada em sua capacidade de decidir. Não estou incentivando comportamentos extremamente arriscados, mas nem todas as decisões podem ser tomadas com 100% de certeza, sem riscos. Às vezes, a liderança precisa ter coragem para fazer apostas. Se não der certo, reúna o time, avalie e aprenda com a experiência. O tempo muito longo para tomar decisões é visto como procrastinação, e não como zelo para fazer uma escolha melhor.

Atendi, durante certo tempo, um líder que demonstrava coragem admirável nos investimentos, nas aquisições e nos lançamentos de produtos inovadores, mas, quando o assunto era relacionado a pessoas, ele adiava as decisões. Postergava a definição de desligar até pessoas de baixa performance e alta desmotivação, embora o gestor de RH sinalizasse que a tolerância àquela situação era um péssimo exemplo para os demais. Quando a situação ficou insustentável, ele utilizou a solução "Pilatos": pediu ao gestor de RH que providenciasse a demissão, enquanto ele estava fora da empresa em uma viagem de negócios.

Muitas lideranças se sentem desconfortáveis na hora em que precisam de coragem. Mas é por meio da coragem que se pratica a justiça nas avaliações, nos feedbacks, nas indicações, nos reconhecimentos e nas decisões. Para quem está iniciando na liderança, é importante se preparar para tomar decisões corajosas, conhecendo os critérios da meritocracia, explicar para os liderados o que precisam fazer e, ao tomar a decisão, esclarecer as razões. Em relação ao trabalho, utilize fatos e dados e peça ajuda de quem conhece melhor o assunto e pode aconselhá-lo tecnicamente. Se for uma inovação, avalie se há risco para a vida das pessoas ou de perda significativa para a empresa.

Sem a coragem, a liderança deixa o ambiente inseguro e sem crescimento, e as pessoas ficam confusas. A dificuldade de tomar decisão é, na maioria das vezes, mais comportamental do que técnica e enfraquece o poder de avançar para um patamar de liderança necessária, admirável e extraordinária.

ENFRENTAR O DESCONHECIDO É PROVA DE MATURIDADE DA LIDERANÇA

Quando crianças, tememos o escuro. Quando nos tornamos adultos, o desconhecido passa a ser a nossa noite. A primeira liderança é como se fosse a noite, e, ainda que a pessoa já trabalhe naquela organização e permaneça no próprio setor, a sua estreia pode inquietar, trazer insegurança e outros sentimentos, pois, ao mergulhar no desconhecido, terá de aprender a lidar com novos tipos de problema.

Não é mais a hora de fechar os olhos ou enfiar a cabeça debaixo do cobertor como fazíamos quando crianças. A estratégia para lidar com o desconhecido é enfrentá-lo de olhos abertos, desvendá-lo. Não como um super-herói, mas como alguém que se junta à equipe para fazer perguntas que vão desbravar esse desconhecido, sem se deixar levar pela imaginação com frases do tipo "deve ser isto", "acho que é aquilo". O medo é um sentimento que paralisa, distorce e fomenta a imaginação.

É hora de produzir luz por meio do autoconhecimento, do entendimento do contexto, das pessoas da sua equipe e de outras envolvidas, dos conhecimentos básicos para lidar com elas e com os requisitos da função.

Um exemplo recente foi a crise gerada pela pandemia de covid-19. Se alguém não sabia definir o desconhecido, um vírus chegou para afrontar até os cientistas. Porém, é interessante observar as diferenças na forma de lidar com o acontecimento. A crise é a mesma, com impactos diferentes na economia, mas em relação às pessoas houve muitas discrepâncias na maneira como foram lideradas. Aqueles que têm um foco maior no dia a dia, nas rotinas e nas entregas imediatas, ficaram mais desorientados quando se depararam com o desconhecido, algo sem precedentes, sem padrões e sem referências.

Quantos novos líderes estavam começando a construir um relacionamento com o time e, de repente, precisaram fazer isso de modo remoto? Outros nem conheceram as pessoas que entrevistaram para decidir a sua entrada na empresa. Quando surge um evento desconhecido, as pessoas mais preparadas para lidar com ele sabem que o primeiro passo é a proximidade com a equipe para se fortalecerem e buscarem soluções.

A MUDANÇA É O TREINAMENTO PARA LIDAR COM O DESCONHECIDO

As mudanças podem ser planejadas ou surgir de repente, originadas por algum fator não controlável. Se planejadas, é possível seguir os rituais de uma boa gestão da mudança, envolvendo as pessoas e comunicando o que vai acontecer. Se não, os fantasmas do medo vão surgir e deixar o fenômeno bem maior do que a realidade.

Para evitar que os fantasmas voem, procure saber das pessoas o que as perturba. E, mais do que ter todas as respostas, esteja por perto para não as deixar no escuro com suas inquietações. Diga a verdade, o que ainda não foi resolvido, o que você não sabe, não foi decidido ou estudado ainda, abrindo sempre que possível espaços para a participação; enfim, seja transparente sobre a mudança.

A falta dessa proximidade alimenta a imaginação com pensamentos do tipo: "Eles vão nos demitir"; "Deve ser porque estão falindo"; "Deve ser porque vão vender a empresa"; etc. A expressão "deve ser" é a caixa que transporta os fantasmas liberados por toda a empresa a uma velocidade maior do que a comunicação dos fatos. O medo impacta a segurança psicológica do time, principalmente se a mudança ameaça necessidades básicas.

Você pode até pensar que é novo na liderança e que esse não é o seu papel. Mas não se engane: ao conduzir bem uma mudança, você obterá mais alguns créditos de confiança do time.

DÊ AUTONOMIA PARA A SOLUÇÃO DE PROBLEMAS

Solucionar problemas sempre foi a maior necessidade humana de todos os tempos. Desde que o ser humano precisou caçar animais para se alimentar e percebeu que não tinha a rapidez nem os sentidos tão desenvolvidos para ganhar o jogo, foi desafiado a solucionar um grave problema: como sobreviver.

Percebeu também que sozinho era fraco, que precisava se agrupar para somar forças e buscar formas que compensassem as suas fraquezas em relação aos inimigos. Daí surgiram as armadilhas, fruto da inteligência e do trabalho em grupo. A sobrevivência continua sendo o grande motivador do ser humano, que, ao perceber uma ameaça, reage para resolver o problema. Como as ameaças são contínuas, a competência de solucionar problemas está sempre desafiando a inteligência e a capacidade de se fortalecer em grupos.

Após essa reflexão antropológica sobre a necessidade do ser humano em se aperfeiçoar na competência de solucionar problemas, trago a dinâmica convencional do Método de Solução de Problemas, que é universalmente utilizado. É simples, mas se torna poderoso quando as análises são feitas com base em dados e informações robustas, utilizando a tecnologia, a colaboração e a criatividade humana.

PASSOS DO MÉTODO DE SOLUÇÃO DE PROBLEMAS	ANALOGIA COM A CAÇA
Formar uma equipe	Desde os tempos da caverna, as pessoas se ajuntam em grupos para se fortalecer e criar soluções a fim de superar ameaças.
Definir o problema	O primeiro passo é conhecer o inimigo: suas características, como e quando ele ataca, o que o fortalece e o que o enfraquece.
Implantar ações de contenção	No passado, faziam uma fogueira para conter o inimigo. Hoje, a ideia continua sendo um passo importante: impedir o avanço do problema.
Identificar causas e depois analisar até chegar à causa-raiz	A análise é o refinamento do uso da inteligência, saindo da fase de tentativas e erros. Hoje a tecnologia ampliou o poder de análise das pessoas, trazendo dados e informações cada vez mais potentes para se chegar às causas relevantes e desdobrá-las.

PASSOS DO MÉTODO DE SOLUÇÃO DE PROBLEMAS	ANALOGIA COM A CAÇA
Desenvolver a solução	Antes, eram feitas as armadilhas. Atualmente, podemos utilizar ferramentas de criatividade, *benchmarking* e elaborar planos de ação robustos. Por meio da internet, é possível pesquisar, conhecer e comparar soluções que trazem insights poderosos.
Implantar a solução	De nada adiantaria bolar a armadilha e não a colocar nos pontos estratégicos. Algumas pessoas vão até esse ponto e não implantam de modo adequado as ações previstas no plano.
Prevenir a reincidência	Não deixavam atrativos para que os inimigos retornassem e ainda ensinavam outros a evitá-los. É isto que deve ser feito após a implantação da solução: impedir que erros se repitam.
Revisar e reconhecer a equipe	Faziam uma fogueira e dançavam com todos os que ajudaram a combater o inimigo. As lideranças devem celebrar e reconhecer quem as ajudou.

Se até os primeiros povos tinham rituais para eliminar problemas, por que as pessoas que hoje têm as inteligências tão desenvolvidas e ainda são apoiadas por ferramentas e tecnologias poderosas os toleram e se habituam a conviver com eles? A nova liderança deve aproveitar que está criando a sua identidade e sensibilizar a equipe para revelar os problemas, e não os deixar ocultos.

Eu estava ajudando uma empresa no interior da Bahia e percebi que eles tinham aversão a tornar os problemas visíveis. Custei a convencê-los de que o fato de não os trazer à tona não fazia com que não existissem. Eles continuavam existindo, só que com tranquilidade, sem ameaças, pois ninguém queria enfrentá-los.

Fiz uma brincadeira com eles. Aproveitei que estava na época do programa *Big Brother* e os convidei a criar um paredão de problemas. Durante a semana, todos foram incentivados a trazer os problemas escritos em pequenos papéis e a colocar no paredão. A parede ficou cheia. Depois, utilizamos uma matriz de priorização e selecionamos os mais fáceis para resolver. É muito importante a estratégia de resolver primeiro os mais fáceis, pois contribui para motivar a equipe e trazer energia para atacar os mais difíceis.

LIDERANÇAS EXTRAORDINÁRIAS SÃO ALFABETIZADAS EMOCIONALMENTE

Outro dia, um líder falou que não aguentava mais ouvir o termo "inteligência emocional". "É um modismo; cada hora inventam alguma coisa para vender livros, cursos e consultorias", disse ele. Podemos chamar daquilo que quisermos, mas a falta de conhecimento e gestão sobre as emoções tem levado muitos profissionais brilhantes à ruína e feito bons estragos na trajetória dos liderados. Quem não conhece alguns deles? E, o que é pior, há líderes quase à beira da aposentadoria que não foram alfabetizados nas emoções.

Parece ficção, mas ainda ouço relatos de gestores que não podem ser chamados de líderes, que gritam com as pessoas, ameaçam e até as humilham. Algumas se submetem, por medo de serem demitidas ou rebaixadas, mesmo sabendo que existem canais para expor a situação, como denúncias por assédio moral ou *compliance.*

Quanto mais alta a posição do gestor de baixa inteligência emocional, maior o medo das pessoas de o denunciarem. Eles continuam, porque às vezes são os donos, sócios ou vieram muito recomendados por resultados em outras empresas, ou até porque têm formações em universidades renomadas. Mas, nesta era do novo poder, será que a empresa quer resultados imediatos ou quer que eles sejam sustentáveis? Quer uma alta rotatividade de pessoal, colaboradores doentes e infelizes e um chefe autoritário que se sente realizado em saber que as pessoas têm medo dele?

O novo poder é a luz que chega para nos mostrar que o mundo está realmente mudando. Acho que a história de Steve Jobs é um sinalizador de que a empresa precisa de resultados, mas que deve alcançá-los conciliando com comportamentos humanizados que fortalecem a saúde mental no ambiente.[42] Em um trecho do discurso que fez para os formandos de Stanford, uma das pessoas mais admiradas no mundo corporativo contou uma experiência impensável na gestão regida pelo velho poder, que valoriza acima de tudo a pessoa que traz dinheiro para o caixa da empresa.

> Woz e eu criamos a Apple na garagem dos meus pais quando eu tinha 20 anos. Trabalhávamos muito, e em dez anos a empresa tinha crescido de duas pessoas e uma garagem para 4 mil pessoas e 2 bilhões de dólares. Havíamos lançado nossa melhor criação – o Macintosh – um ano antes, e eu mal completara 30 anos. Foi então que terminei despedido. Como alguém pode ser despedido da empresa que criou? Bem, à medida que a empresa crescia, contratamos alguém supostamente muito talentoso para dirigir a Apple comigo, e por um ano as coisas foram bem. Mas nossas visões sobre o futuro começaram a divergir, e terminamos rompendo – mas o conselho ficou com ele. Por isso, aos 30 anos, eu estava desempregado. E de modo muito público. O foco de minha vida adulta havia desaparecido, e a dor fora devastadora.

---

42 LEIA o discurso de Jobs aos formandos de Stanford. **Terra**. Disponível em: https://www.terra.com.br/byte/internet/leia-o-discurso-de-jobs-aos-formandos-de-stanford,bc38d882519ea310VgnCLD200000b bcceb0aRCRD.html. Acesso em: 10 ago. 2022.

Nos últimos anos, muitos CEOs foram demitidos por apresentarem comportamentos nocivos e tóxicos. Talvez eles ignorem, mas existe o currículo extraoficial; as notícias correm no mundo corporativo.

Em uma época em que as organizações estão cada vez mais conscientes sobre a necessidade de zelar pela saúde mental dos colaboradores e promover ambientes que favoreçam o bem-estar, a contratação de gestores de baixa inteligência emocional é um risco. O estilo da pessoa não define muito a sua adequação para a liderança, e sim a maneira como gerencia as suas emoções e se relaciona com os liderados, pares e outras pessoas envolvidas.

Temos constatado que a busca por profissionais no mercado está levando em conta a inteligência emocional. Acompanhei um cliente que estava entrevistando candidatos a uma diretoria. Um deles correspondia às suas preferências apresentando boa experiência, ótima comunicação e dando zoom nas habilidades que a empresa estava buscando. O presidente estava encantado e praticamente decidido.

O que o fez mudar de ideia? Ele já havia recebido o *assessment* do candidato apontando dificuldades de lidar com as pessoas, mas pensou: *aqui vai ser diferente, é outro tipo de negócio e ele é um profissional imperdível.* Porém, o currículo extraoficial confirmou as competências técnicas e os resultados alcançados, mas também mostrou que ele havia deixado muitas pessoas magoadas por onde passou, pois reagia de maneira pouco educada quando as coisas não aconteciam conforme o esperado e era o que o que se pode chamar de "pavio curto". Pessoas excelentes haviam deixado a empresa por não suportarem conviver com o gestor. Ele sempre dizia que as pessoas que saíam não fariam falta, pois estavam reagindo à cultura.

Há décadas, Daniel Goleman e sua equipe vêm pesquisando a correlação entre inteligência emocional e desempenho.[43] Uma

---

43 GOLEMAN, D. **Inteligência emocional**: a teoria revolucionária que redefine o que é ser inteligente. Rio de Janeiro: Objetiva, 2011.

das pesquisas comprova que, quando os altos executivos de uma empresa contavam com as habilidades da inteligência emocional corretas, sua unidade superava a meta de receita anual em 20%. Segundo ele, todo líder pode melhorar o próprio desempenho e o de seus liderados de maneira excepcional se conhecer e praticar cinco habilidades básicas:

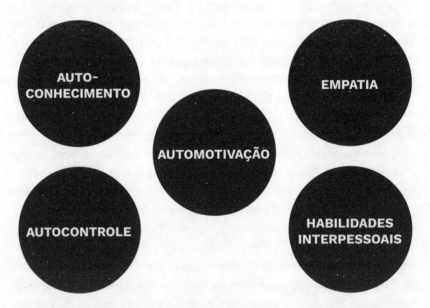

A maior parte dessas habilidades já foi abordada anteriormente. Agora, vamos nos dedicar à empatia, essencial para a nova liderança.

Empatia

Sempre quando penso em empatia me lembro da obra de Michelangelo A *criação de Adão*. Penso nela como uma primeira lição sobre empatia, pois mostra alguém maior, de infinito poder, a doar energia para um humano, cuja nudez mostra sua fragilidade. Ao se conectar com o humano, o Poderoso passa a energia necessária para a vida. Repare que ele não chega a tocar o seu dedo. Quando praticamos a empatia com alguém, não precisamos abraçar ou tocar fisicamente a pessoa. Só precisamos que ela sinta a nossa conexão e receba a energia que transmitimos com sinceridade.

No velho poder, não se valorizava a necessidade de compreender os sentimentos das pessoas, e o aprendizado de como se conectar umas com as outras é recente. Felizmente, é cada vez maior o número de organizações adotando programas de diversidade e inclusão, mas, mesmo com os esclarecimentos e a sensibilização sobre preconceitos e vieses inconscientes, ainda estamos longe de comemorar a empatia plena nas relações.

Acredito que as lideranças jovens já estejam chegando às suas posições com menor contaminação de preconceitos e discriminação. Mas, ainda assim, é preciso exercer a empatia e educar as suas equipes para praticá-la até que seja algo natural que componha as relações. O ambiente ficará mais saudável, e a relação entre as pessoas, mais leve.

Ao praticar a empatia com os liderados e outras pessoas, haverá um preenchimento emocional na sua formação e seus avanços serão maiores e mais rápidos em todos os sentidos. Mas, seja sincero, pois no campo emocional não dá para ser político e ter ações visando a interesse próprio. Existe uma espécie de wi-fi neural que capta a percepção da sinceridade da pessoa com quem se conecta. Se ela estiver fingindo empatia por algum interesse que não o de conectar com a emoção da outra pessoa, ocorre a rejeição, e o gesto cai no vazio.

Empatia nociva

Nomeei de empatia "nociva" por observar alguns comportamentos de líderes que, por não terem coragem de assumir alguma política ou decisão difícil que deve ser tomada, compram as dores do time com frases como: "Até acho que você merece a promoção, mas eles não aprovaram"; "Gostei da sua ideia, mas o pessoal foi contra, e eu fui voto vencido"; "Não queria que você fosse transferido, mas a empresa quer que você vá para outra regional".

Trazendo de novo a história do Heitor, quando estava recente na liderança e vivendo todas aquelas dificuldades, ele compactuava com a equipe dizendo: "Vocês têm razão, isto aqui é um inferno para se trabalhar, a empresa não vê o nosso lado, não estão nem aí para nós", e, assim, demonstrava total aderência às insatisfações dos membros. Ao se aliar ao time e agir como colega, Heitor deixou as pessoas perdidas, inseguras psicologicamente e sem ninguém para lhes dar suporte. Essa demonstração de empatia que algumas lideranças fazem achando que estão criando proximidade na realidade deixa a cadeira do líder vazia, e a equipe, insegura.

Empatia compassiva

A liderança que aprende e pratica a empatia compassiva se capacitará para responder a demandas atuais das organizações, como a transformação cultural, a inovação, o crescimento e a inclusão. Um indicador dessa competência é a compaixão pelas pessoas que cometem erros e estão em situações de fragilidade.

Quem nunca foi vítima de um líder grosseiro que, ao detectar um erro, gritou, usou adjetivos depreciadores e humilhou a pessoa perto de outras, instalando medo no ambiente? Será que ainda existem chefes assim nas organizações? O pior é que sim, e muitos deles passaram pela mesma coisa. Tais organizações deveriam analisar o impacto desses comportamentos sobre os resultados, pois destroem a segurança psicológica, instalam o medo e minam as possibilidades de melhor utilização da inteligência e da colaboração das pessoas.

Os líderes compassivos deixam suas influências na vida das pessoas, que sempre se lembram deles e procuram repetir o comportamento exemplar. Há um relato que ilustra bem essa situação e homenageia um líder compassivo.

• •

Em um restaurante de um clube de golfe frequentado pela alta sociedade estadunidense, na cidade de Boca Raton, Flórida, durante um jantar à la carte, os garçons iam até as mesas e escreviam em um bloco de papel todos os pratos pedidos. Depois, entregavam esses pedidos às assistentes de caixa para que elas enviassem, através do sistema do restaurante, o pedido para a cozinha. Era uma cozinha de padrões muito rigorosos, e os pedidos saíam impressos na área do chef, que cronometrava precisamente o tempo de preparo para que todos os clientes da mesa recebessem seus pratos ao mesmo tempo.

Em um desses "garranchos" do garçom, estava escrito lagosta, mas dava a entender que era a salada de lagosta (que levava muito menos tempo para ficar pronta). A assistente enviou ao chef o pedido de salada de lagosta e, quando todos os pratos estavam prontos, o garçom foi conferi-los e percebeu que faltava a lagosta. O gerente a chamou junto ao garçom, esclareceram o erro, e ele falou que lidaria com aquilo.

O gerente foi até a mesa e falou para a senhora que havia pedido a lagosta que o chef Joe, conhecendo-a tão bem, viu que a lagosta não estava suficientemente boa e suculenta para ela. E pedia, como exceção, para que entregasse o prato em alguns minutos da maneira que ela merecia.

No final, ela ficou tão encantada pelo tratamento diferenciado do chef que escreveu uma mensagem agradecendo o atendimento. Quando isso acontecia, todos os envolvidos recebiam um valor variável como gratificação. No fim, a assistente não foi crucificada pelo erro e o restaurante acabou recebendo elogios.

Estamos ouvindo muito a expressão "tolerância ao erro", principalmente nas empresas que colocaram a inovação como um objetivo estratégico, mas nem sempre os relatos dos colaboradores validam a atitude. Esse caso real ilustra uma lição que toda pessoa que está estreando na liderança deveria ter em mente. O fato de constranger, advertir e apequenar as pessoas não contribui para o seu crescimento. A pessoa que passou pela experiência aqui relatada aprendeu com o exemplo do seu ex-líder e hoje é uma praticante da boa atitude.

SABER SELECIONAR E USAR A TECNOLOGIA ADEQUADA

Assim como precisamos escolher leituras para nos desenvolvermos, a tecnologia também é ampla, requer escolhas e direcionamento aos objetivos. Não se deve investir tempo e outros recursos em ferramentas por modismo, nem as recusar por desconhecimento.

Um número elevado de pessoas da nova liderança navega com facilidade na tecnologia. Porém, é como a leitura: o fato de a pessoa saber ler na sua língua não é o suficiente para cumprir sua função ou resolver todos os problemas que surgem. Muitos jovens, naturalizados na tecnologia, desconhecem qual ou quais modalidades seriam úteis à sua função.

A mensagem para a nova liderança é conhecer as ferramentas tecnológicas utilizadas pela empresa, aprender a utilizá-las e questionar o quanto são úteis à sua função para liberar mais tempo para cuidar da equipe.

Conversei com uma líder de RH que voltou entusiasmada de um evento em que alguns softwares estavam sendo apresentados e elogiados pelos colegas. Ela estava empolgada para começar a usar logo alguns deles. Então fiz as perguntas clássicas para ela:

- Qual problema querem resolver?
- Quais ganhos querem obter?
- Já fizeram um ultrassom do processo?
- Você fez um debate com a sua equipe sobre quais atividades poderiam ser informatizadas?
- Já pesquisaram referências no mercado sobre a experiência, mapearam fornecedores etc.?
- Ele pode ser usado em um piloto?

Posteriormente, ela trouxe um depoimento que essa análise a ajudou a selecionar a melhor ferramenta tecnológica para as suas necessidades. A tecnologia é uma extensão humana que nos permite transpor os nossos limites. Se não é feita uma análise da função e do que queremos como entrega, ela não trará o resultado desejado.

No caso da tecnologia aplicada à gestão de pessoas, ainda é preciso cuidar de questões éticas no uso de dados e informações. A nova liderança deve estar atenta ao poder das informações para promover o bem-estar das pessoas, e não para tomar decisões nocivas.

Outro ponto de atenção é em relação à resistência a novas práticas. Se a tecnologia traz ganhos de eficiência e agilidade, reduz o esforço, melhora a precisão e abrangência das informações, facilitando as decisões, por que não as utilizar? Como já abordamos no tópico sobre o desconhecido e as mudanças, acostumamo-nos às situações, e elas nos fazem sentir conforto de que é assim mesmo, e, quando nos deparamos com algo diferente, nos sentimos inseguros e ameaçados.

Quando um profissional acaba de chegar à posição de liderança e a empresa está passando por um movimento de transformação cultural, é comum encontrar resistências, principalmente nas pessoas que já dominam uma atividade de maneira analógica. A tecnologia não é uma matéria nova; sua popularização é recente. Algumas barreiras se formaram ao longo do tempo, como a crença de que a tecnologia era assunto dos iluminados. Os "normais" não eram familiarizados nesse domínio.

Pense em uma música que nunca ouviu, um alimento que ainda não degustou, um tempero, um lugar, uma pessoa que acabou de conhecer. A reação inicial mais provável será de aceitação ou rejeição? Ainda que os benefícios pareçam claros, as pessoas terão de vivenciá-los e comprovar que serão para valer. Então acontece uma espécie de cadastramento no cérebro pintando esses benefícios como algo conhecido e familiar, para que as pessoas não os rejeitem quando tiverem contato com eles.

Recomendo que a liderança aplique aquela dinâmica que descrevi para a adaptabilidade: promova o conhecimento e a compreensão para gerar uma percepção favorável antes de pedir que as pessoas mudem a forma como se sentem seguras, para assim se adaptarem ao modelo digital.

MENTORIA E INSPIRAÇÃO PARA EXPANSÃO DO POTENCIAL

No início da minha vida profissional, tive uma mentora que me ensinava o trabalho cujo acolhimento e orientações facilitaram a minha inclusão na cultura e na estrutura complexa daquela grande empresa. Essa experiência me demonstrou o impacto da mentoria na vida de um profissional, é algo que vai além do trabalho, inspirando, cuidando e promovendo a absorção dos valores.

A mentoria pode ser exercida por um líder, colega, professor, consultor ou qualquer pessoa com experiência no campo de sua necessidade de aprendizado e que se interesse pelo desenvolvimento do outro, compartilhando tudo o que sabe, inspirando, ajudando a descobrir o seu propósito e o iluminando com seus exemplos para que se apaixone por ele.

Existem mentores famosos na história, como Aristóteles para Alexandre, o Grande; Gandhi para Luther King; Peter Drucker para Jim Collins; Vicente Falconi para as lideranças da AmBev; e, nos dias de hoje, existem muitas pessoas oferecendo a sua experiência e sabedoria, às vezes até de maneira gratuita, como são os casos de lideranças femininas e outros movimentos. Não precisamos ser famosos para sermos mentores. Independentemente de ser uma mentoria voluntária ou remunerada, ela requer amor pelo mentorado e uma vontade extrema de encorajá-lo a vencer. É com este binômio, vontade do mentorado e generosidade do mentor, que os objetivos se viabilizam.

Como mentora e coaching executiva, vivencio e testemunho o desenvolvimento dos líderes a cada ciclo que concluo com eles. Segundo um estudo do Public Personnel Management, o profissional melhora em média 88% ao final do processo de coaching. Esses processos melhoram a forma como a liderança interage com a equipe, permitem que ela trate abertamente as vulnerabilidades e encontre soluções em tempo hábil. O fato de ser apoiado por um profissional experiente dá ao novo líder maior segurança para exercitar as habilidades na prática, trazer as dúvidas, avaliá-las e, assim, aprender a fazer melhor na próxima vez.

EXPANSÃO DO POTENCIAL DO LÍDER **167**

De todos os meus entrevistados, Daniel é a pessoa que chegou mais jovem à posição de liderança e que mais enfatizou a força da mentoria. Assim como os demais, ele queria ser líder, mas ainda não estava preparado para assumir um time e corresponder a todos os papéis. Graduado em Administração, a sua base para a liderança foi forjada nos movimentos da escola, como no grêmio estudantil e em outros grupos. Às vezes, questionava-se por que não se sentia capaz de trabalhar sozinho, mas, na realidade, o que sobressaía era a sua facilidade em trabalhar em equipe, organizar as competências e direcioná-las para os objetivos, conseguindo fazer parte dela sem impor a sua opinião ou suas decisões.

Ele destaca um fator determinante que o ajudou a ter um bom desempenho na primeira etapa da sua jornada: ter um líder que admirava e que se tornou o seu mentor, influenciando a sua formação e a cultura de liderança da empresa, deixando muito claro o que queria de seus liderados. Ele mostrava o caminho a ser percorrido e orientava os passos mais desafiadores, sem poupá-los de tropeçar ou quebrar a cara, mas sempre os ajudando a se fortalecer e seguir.

Não existe receita perfeita, mas a trajetória desse líder mostra que, ainda que a empresa não tenha os rituais de preparação da pessoa para a primeira etapa da liderança, a mentoria tem um impacto muito forte. Claro que ela é potencializada se vier acompanhada de outros fatores-chave, como a motivação para aprender a ser um líder, ser liderado por alguém que ensina e a clareza da empresa sobre as próprias expectativas.

Muitos líderes aprendem errando; outros não aprendem e continuam cometendo erros e fazendo estragos na vida dos liderados; e outros optam por pedir a ajuda de um mentor ou de um coaching. O novo líder precisa de ajuda, pois a sua principal missão é difícil e dá trabalho. A mentoria auxilia a descobrir o propósito e, assim, traz a convicção do quanto vale a pena ser um agente de transformação de vidas sob a sua liderança.

PLANO DE DESENVOLVIMENTO E EVOLUÇÃO

10

Após apresentar alguns recursos para apoiar o protagonismo da nova liderança, é o momento de exercer a curadoria, selecionando aqueles que mais correspondem à sua demanda e, a partir daí, elaborar o seu plano de desenvolvimento e evolução.

• •

O protagonismo da liderança fez muita diferença na trajetória de Ernesto, evitando que ele se perdesse pelo caminho ou se sentisse reconhecido por valores equivocados quando ainda não tinha tomado as rédeas do próprio desenvolvimento. O seu orgulho era ser considerado pela liderança acima dele como uma máquina. Eles diziam: "Ele é uma máquina para trabalhar, é focado na entrega e não perde tempo com conversas com a equipe, e todos o respeitam muito".

Hoje ele vê que o respeito a que se referiam era o medo que ele gerava no time. Sua crença era de que a rigidez e a concentração na tarefa eram o exemplo perfeito para os liderados. Era respeitado tecnicamente, mas tinha péssimos resultados nas pesquisas de bem-estar dos funcionários, e em muitos depoimentos sofridos nas entrevistas de desligamento. A obsessão por resultados o fazia esquecer que estes são obtidos com as pessoas e que o bem-estar delas é condição para alcançá-los e sustentá-los.

Os líderes novos da sua área o criticavam e buscavam a mentoria de outros profissionais da empresa. Após alguns feedbacks duros, ele se conscientizou de que estava errado, que repetia os comportamentos dos líderes anteriores. Os resultados não estavam bons, e o ambiente estava ruim. Mas a maravilha do ser humano é poder mudar, recomeçar. Ninguém está condenado a ser o estado bruto da arte. O líder pode ser esculpido.

Ele reconheceu que deveria mudar, pediu ajuda e começou a se aproximar de cada um do time, indo além do nome e do cargo. A princípio, meio desconcertado, mas com desejo verdadeiro de conhecer as pessoas da sua equipe, seus motivos, planos, hobbies, valores, linha do tempo e sonhos. O processo de conhecê-las não se restringiu a um único contato ou a uma entrevista pontual. Ele entendeu que a vida delas é dinâmica, cheia de mudanças, e fez com que os contatos fossem contínuos. Assim, a proximidade se tornou mais natural e acumulou pontos para a confiança mútua.

Antes, ele usava os valores da empresa com um tom de ameaça e cobrança. Agora, ele tem consciência de que qualquer valor deve fazer sentido para a pessoa. Por exemplo, não se pode convencer uma pessoa a ter sentimento de dono sem que ela perceba um verdadeiro interesse por aquilo sobre o que de fato é dona: a sua vida.

O investimento na agenda de desenvolvimento o fez descobrir o seu lado humano e o das pessoas com quem trabalhava, e isso o aproximou mais da sua família e de si mesmo. Ele está muito mais feliz, e sua transformação pode ser percebida inclusive fisicamente.

Um caso de sucesso como esse é possível de alcançar para todos que decidam ampliar o olhar para além da agenda técnica e evoluir para uma liderança em que as pessoas se sintam de fato engajadas no propósito e se comportem naturalmente de acordo com os valores da empresa. Ele aprendeu que tinha de propor, não impor.

ELABORANDO O PLANO COM CORAÇÃO E MENTE

O plano de desenvolvimento é um roteiro para chegar aos objetivos, mas o que garante o seu sucesso é a energia que a liderança dispara na largada e as pequenas paradas para abastecê-la. Se não tivesse elaborado e seguido o seu Plano de Autodesenvolvimento, o líder do exemplo anterior poderia até alcançar suas metas, mas com muitas tentativas e erros. O plano ajuda a liderança a priorizar as ações no tempo e a se disciplinar para alcançar a linha de chegada. É motivador acompanhar as conquistas de cada uma das ações e perceber que elas estão refletindo nos resultados. Dá um sentimento muito bom de realização e vontade de comemorar.

A partir do autoconhecimento, do uso de avaliações e autoavaliações e da reflexão sobre o futuro, é possível priorizar três pontos relevantes como focos de melhoria e desdobrá-los até um nível de ações específicas e viáveis de serem executadas. Como apresentei no capítulo do aprendizado em campo (OJT), quanto mais concretas e mais próximas da realidade as ações forem, maior será o impacto no desenvolvimento.

Antes de começar o seu plano, deixo-lhe as seguintes recomendações:

- Mantenha os objetivos à vista para não perder o foco.
- Escreva as ações, questionando-se: "Esta ação me ajuda a realizar este objetivo ou a bater esta meta?" Priorize.
- Depois separe as ações de curto prazo e deixe-as na parte superior do plano. Ao realizar primeiro a mais rápida, eleva-se a motivação para as demais ações.
- Estabeleça datas específicas. Não use expressões como imediatamente, urgente, o mais rápido possível etc.
- Defina os recursos com o máximo de detalhes que conseguir. Se quer fazer uma especialização, pesquise as instituições que a oferecem, quanto custa, a modalidade e, principalmente, se vai ajudá-lo na competência que precisa ampliar. Lembre-se:

uma pessoa adulta só aprende se estiver consciente de que o ensino vai ser útil ou resolver um problema.

- Como o plano é de autorresponsabilidade, tire trinta minutos no final da semana para avaliar a sua evolução. Se está indo bem, se abrace e comemore; se estiver atrasado ou procrastinando, corrija a rota. Afinal, você está no comando do seu desenvolvimento, que também pode ser complementado por feedbacks do coach, mentor, líder e, posteriormente, das pessoas da equipe.

Fica mais organizado e gerenciável dividir o plano em dimensões. Inclua ações que fortaleçam o presente e deem base para o futuro. Tais ações impactam tanto a liderança quanto as pessoas de sua equipe, visando ao desenvolvimento integral. É importante ainda levar em conta os cinco tipos de desenvolvimento:

Desenvolvimento intelectual

Não se atenha ao que já sabe. Busque o que não sabe, ativando principalmente a curiosidade, o pensamento crítico, a comunicação, a percepção, a memória, o raciocínio, a capacidade de tomada de decisão e de solução de problemas. A quantidade de cursos on-line oferecidos requer que a liderança faça uma curadoria para selecionar aqueles que vão responder às suas demandas. Para filtrar, peça referência de quem já fez ou avaliações do RH, coach, mentor, líderes e pares. Não invista sem estar certo de que será útil à sua demanda, pois há uma tendência de abandonar o curso ou fazê-lo sem aproveitamento se não for possível aplicar os conhecimentos ao seu trabalho. Planeje o conteúdo do seu desenvolvimento intelectual, pois a frequência de ativação do cognitivo aumenta a agilidade da aprendizagem e da capacidade de aplicação.

Desenvolvimento contextual

É uma espécie de alfabetização para aprender a ler o contexto e assim sintonizar a comunicação e as ações. É o conhecimento da cultura da empresa, das crenças e suas influências, do local onde ela está, do clima, da relação da sua área com as interfaces, da coerência dos valores na prática, dos padrões, dos stakeholders e suas relações de poder, das influências externas da economia, da política etc.

Desenvolvimento intrapessoal

É o tipo de relação que a pessoa estabelece consigo e com os próprios sentimentos e aspirações, como a vontade de aprender, de evoluir emocionalmente e de se adaptar. É ampliar a consciência por meio do autoconhecimento dos níveis de automotivação, autocontrole, empatia e persistência.

Desenvolvimento interpessoal

Conhecer a história de cada um da equipe, seus sonhos de futuro e interesses; aproximar-se dos pares, oferecendo ou pedindo ajuda, participando de algum projeto comum. Relacionar-se com a liderança acima de você, com os clientes, com as pessoas que prestam serviço. Lembrar que a força da liderança está nas pessoas. Há líderes que trabalham com alguém por muitos anos sem sequer saber o dia do aniversário dele.

Outro ponto muito atual é conhecer os programas e as políticas da empresa sobre diversidade e inclusão. Se a sua empresa está entre aquelas que contratou refugiados, aproveite a oportunidade para aprofundar a empatia e esteja certo de que o desenvolvimento seja mútuo. Ao se promover diversidade na equipe, as pessoas se sentem incluídas e retribuem com criatividade, inovação, um ambiente mais leve, mais saúde mental e, consequentemente, melhores resultados.

Desenvolvimento técnico

Embora a maior parte do seu tempo não seja mais dedicado à técnica, aprofundar-se no conhecimento sobre processos, funções etc. ajuda a tomar decisões e a orientar a equipe. A liderança que não se atualiza não se torna referência nem para o seu time direto.

É um paradoxo: ao mesmo tempo que a nova liderança se sente despreparada para o seu papel, também pode se acomodar no estado presente, já que a sua indicação levou em conta o desempenho passado. Pode ser que também sinta necessidade de mostrar resultados imediatos para provar que mereceu o lugar que ocupa.

O plano não pode conter ações para atender apenas ao que é exigido no presente, sob pena de se tornar um gestor do dia a dia, um "apagador de incêndios", muitas vezes repetindo o que criticava no líder anterior. Portanto, o plano deve mirar também o futuro e conter ações para desenvolver o seu potencial.

A palavra "potencial" expressa possibilidade e aponta para dúvidas: pode ou não acontecer. Depende da sua ativação. Uma boa semente não germina por si só.

Maslow definiu o potencial mental como a capacidade de aprender na unidade do tempo.[44] Os testes e as avaliações, por mais recheados de algoritmos que sejam, não conseguem ativar o potencial se a própria pessoa não tomar posse do seu desenvolvimento e gerenciá-lo. O tempo não espera, e as oportunidades sempre aparecem para quem se prepara para elas. Se você não fizer um plano, o dia a dia tomará todo o seu tempo. Reflita:

- Considerando o seu desempenho até aqui, o que é esperado para a frente e o que falta para você se sentir realizado?
- Quais são os recursos necessários para alcançar a linha de chegada?

• •

Apresento, a seguir, um exemplo fictício que você pode utilizar como base para criar o seu plano de desenvolvimento.

---

44 FALCONI, V. **O valor dos recursos humanos na era do conhecimento.** Minas Gerais: Falconi, 2014.

Plano de autodesenvolvimento (sugestão genérica)

Objetivo inspiracional: Ser reconhecido como uma liderança extraordinária por promover as condições de felicidade para a equipe, por desenvolvê-la e por entregar resultados sustentáveis.

O que me faz crer que é possível: Se a minha indicação ocorreu porque eu performava bem antes, posso fazer melhor agora, começando por:

Pontos de melhoria	Ações	Quando	Recursos necessários para efetuar a ação
Desenvolvimento intrapessoal (saúde física e mental)	Atividades físicas.	Terças, quintas e sábados.	Usar o Gympass fornecido pela empresa.
	Voltar/começar a meditar.	A partir do primeiro dia do mês.	Vídeos guiados.
	Aprender a cozinhar comidas saudáveis.	Começar no último dia do mês.	Comprar um curso on-line.
Desenvolvimento intelectual	Substituir as visitas às redes sociais à noite por leitura de livros e resenha com o time. Ler seis livros sobre gestão, pessoas e economia.	Atividade semestral.	Selecionar seis livros (gestão, pessoas, economia); Relacionar os podcasts de liderança e gestão. Pesquisar eventos externos com temas da minha área.
	Ouvir podcasts e assistir a vídeos (um por noite).	Dias ímpares.	
	Participar, pesquisar *benchmarks*, aprender sobre tecnologias que se aplicam à gestão de pessoas e negócios etc.	Último dia de cada mês.	

Desenvolvimento contextual	Participar de um fórum da cultura da empresa. Visitar empresas com boas práticas na minha área. Atuar nas equipes de avaliação da gestão de outras áreas da empresa.	A partir do primeiro dia que colocar o plano em execução.	Selecionar o grupo da cultura. Seleção de empresas e roteiro para as visitas; Capacitação no roteiro de diagnóstico interno.
Desenvolvimento da equipe	Agendar reunião de feedback com cada um da equipe.	Semanalmente.	Selecionar casos para simulação com a equipe. Selecionar situações para trabalhar o método de solução de problemas com a equipe. Orçamento para desenvolvimento da equipe.
	Promover comemorações com a equipe.	Uma vez ao mês.	
	Conversas informais para conhecer melhor as pessoas do time.	Três vezes por semana.	
	Organizar reuniões de aprendizado.	Uma vez ao mês.	
	Realizar sessões de *brainstorming*.	Quinzenalmente.	

A MARAVILHA DO SER HUMANO É PODER MUDAR, RECOMEÇAR. NINGUÉM ESTÁ CONDENADO A SER O ESTADO BRUTO DA ARTE. O LÍDER PODE SER ESCULPIDO.

AS MUDANÇAS NÃO ESPERAM. COMECE AGORA E SEJA EXTRAORDINÁRIO!

11

A o longo do meu atendimento em empresas, notei que a posição de liderança tem chegado cada vez mais rápido na vida do profissional. Na pesquisa que realizei para este livro, a maior parte dos entrevistados chegou à liderança com três anos de casa em média, com idade entre 27 e 35 anos. Até há bem pouco tempo, uma pessoa demorava muito mais tempo para assumir a sua primeira liderança. Antes de atingir a posição, ela acumulava conhecimento técnico, muitas vezes se especializando em uma área e não se preparando para as competências das quais um líder precisa.

Não há mais idade nem tempo de casa para que a pessoa assuma a primeira liderança. O tempo não é mais um pré-requisito para ascender na carreira, sobretudo nas empresas que praticam a meritocracia. Se adequada, a liderança precoce é positiva. Um amigo querido compara essa liderança mais cedo ao estudo de um idioma: quando uma pessoa começa a estudar mais cedo, aprende sem sotaque. Quando as pessoas demoram para assumir a liderança, vão acumulando a influência de vários líderes, e seu aprendizado costuma ser um mosaico nem sempre formado pelas melhores referências.

Devido à velocidade vertiginosa das mudanças, nunca houve uma demanda tão intensa por gestores líderes. As organizações sempre precisaram e vão continuar precisando de líderes, e não apenas de gerentes. Gerentes para cuidar do trabalho, das metas, dos recursos; e líderes para irem além: para cuidar das pessoas. Ambos são necessários. Se os tempos fossem estáveis, o gerente estabeleceria a meta, planejaria as ações, distribuiria responsabilidades, faria o acompanhamento e teria grande chance de entregar os resultados.

Existe uma famosa frase atribuída a Heráclito: "Não há nada mais permanente do que a mudança". Mudanças sempre estiveram presentes em todos os tempos, desestabilizando as situações, as regras, desmontando cenários e provocando os líderes a pensar em uma nova ordem. Mas o que não imaginávamos é que elas seriam tão velozes e que demandariam tanta interdependência. Um evento que ocorre em um país distante – seja uma epidemia, uma guerra, uma invenção – chega muito rápido a nós e nos influencia, podendo variar a intensidade e a dosagem, mas trazendo incertezas, insegurança e desestabilização dos cenários conhecidos.

A cada onda de mudanças, nos certificamos de quanto os líderes são necessários. Em situações de mudanças menores, essa necessidade não é tão visível. É na crise ou no pós-crise que os líderes se revelam e são colocados à prova. Quando as pessoas ainda estão com os olhos nublados pela poeira da mudança e não conseguem ver o caminho à frente, ou nem sequer um esteio em que se segurarem, o que esperam da liderança? Não que sejam heróis ou salvadores, mas que saibam mobilizá-las e promover a união entre elas, mostrando que as suas fortalezas reunidas em torno do propósito vão permitir encontrar as saídas. Não é preciso conhecer o roteiro completo. O crédito acumulado por meio da proximidade com a equipe ajudará a atualizar o caminho e reinventar rotas. Mesmo ainda sendo uma liderança estreante, você pode trazer esperança.

As lideranças experientes na função podem ter mais chance de utilizar os aprendizados das crises anteriores para responder às demandas. Digo "podem" porque algumas, mesmo em posições de liderança, focam na própria sobrevivência e não aproveitam a oportunidade para aprender e fortalecer a equipe durante as crises.

As mudanças não vão desaparecer nem amenizar o ritmo. Assim que uma nova realidade é dominada, virá outra onda de transformações para confirmar ou desafiar as suas competências, sobretudo a adaptabilidade. As mudanças são, sem dúvida, o maior teste de competência das lideranças, e as notas obtidas revelam a sua maturidade para conduzi-las, mas nunca o habilitam plenamente.

Liderar neste novo tempo é um privilégio, pois as mudanças funcionam como uma escola que proporciona novas aprendizagens, sem enviar um roteiro explicativo de como as coisas acontecerão. Enfrentar o desconhecido não é mais uma decisão. Não adiantam os álibis de que não aprendeu sobre gestão, liderança ou pessoas, seja na escola ou no *onboarding* da empresa. Mesmo sendo verdade que a maior parte da formação foi técnica e não foi voltada para lidar com pessoas, a demanda é: assuma a sua trilha de desenvolvimento. Desculpas não vão ajudá-lo a ser uma referência em liderança.

Pode ser que as escolas ainda não incluam os conteúdos de liderança por achar que nem todos serão líderes quando chegarem ao mercado de trabalho. Só que a realidade mostra que, em algum momento, todas as pessoas serão líderes. Nenhum ser humano passa pela vida sem uma experiência de liderança. O problema é que se confunde liderança com chefia formal.

O grande líder é aquele capaz de conciliar a entrega de resultados com a gestão humana. Ao dar poucos passos na jornada de autodesenvolvimento, já serão perceptíveis os sinais de melhoria nas competências para exercer seu papel e suas responsabilidades de maneira mais efetiva, mais leve e prazerosa.

Quando entrevistei o Heitor, percebi o quanto ele sofreu e se sentiu frustrado por não conseguir guiar a equipe ou por se sentir perdido na gestão e nas entregas das tarefas. Tudo isso o fazia perder o sono e se sentir uma "fraude" por ter assumido algo que não estava conseguindo atender satisfatoriamente. Mas a história começou a mudar quando ele pediu ajuda e traçou com o seu mentor um plano de aprendizado. A sua experiência, que não é exclusiva, demonstra que a pessoa não precisa tentar carregar sozinha dúvidas, incertezas, desconhecimento. As organizações não querem mais os super-heróis ou mártires. Quando a liderança reconhece a sua vulnerabilidade e tem a humildade de pedir ajuda, cria proximidade e aumenta a credibilidade. Todos temos algum tipo de ignorância, e dá muito trabalho escondê-la.

O ponto principal da nossa temática foi estimular a liderança a assumir o seu autodesenvolvimento para conciliar a entrega de resultados com a gestão humana, e quero reforçar o peso da aprendizagem sobre o relacionamento com as pessoas. Uma das conclusões determinantes dos estudos do Daniel Goleman é: "Minha pesquisa, juntamente de outros estudos, prova que a inteligência emocional, por sua vez, é uma condição *sine qua non* de liderança. Sem ela, a pessoa pode ter a melhor formação do mundo, uma mente analítica e incisiva e um arcabouço infinito de ideias brilhantes, mas ainda assim não se tornará uma grande líder".[45]

Ele e sua equipe demonstram, há vários anos, que a inteligência emocional define a liderança e, por consequência, influencia a equipe. Em um mundo em que a influência tem um elevado peso nas crenças e ações das pessoas, não é bom para o futuro das organizações que elas ignorem a força deste novo poder.

ADAPTABILIDADE: ABRINDO ESPAÇO PARA O NOVO PODER

Desde o princípio da vida na Terra, a adaptação submete as espécies à prova da sobrevivência. Ela é uma competência e, como tal, pode ser aprendida, mas é muitas vezes atrofiada por crenças

---

45 GOLEMAN, D. **O cérebro e a inteligência emocional**: novas perspectivas. Rio de Janeiro: Objetiva, 2012.

limitantes ou por hábitos viciantes. Vejo líderes que se recusam a aprender metodologias e tecnologias novas que chegam na empresa porque acreditam que aquilo que eles sabem é o suficiente, porque não têm tempo para aprender ou por um bloqueio não assumido oriundo da crença antiga de que isso tem de ser cuidado por profissionais específicos de TI, RH, gestão etc.

Não há como entrar em uma gaiola, ver o mundo girando em um ritmo acelerado e se blindar na ilusão de que tudo vai passar quando a porta se abrir. As novas lideranças estão vivenciando um novo tempo e tem a oportunidade de praticar a adaptabilidade com a equipe e, assim, formar pessoas mais ágeis para perceber o mundo, mais flexíveis para buscar soluções e mais generosas para compreender que nem todos os experimentos vão dar certo.

A adaptabilidade ao novo poder muitas vezes dói até nas pessoas mais jovens, que erroneamente julgamos mais preparadas. Um líder contou que se encontrou com uma colaboradora estagiária e ela disse que conheceu Bill McDermott, CEO da SAP, e ele só conseguia pensar que trabalhava na empresa havia dez anos e nunca havia tido uma reunião exclusiva com o CEO. Para desafiar ainda mais a sua competência de adaptabilidade a esses novos comportamentos, ele perguntou a ela como foi e recebeu a resposta: "Mandei uma mensagem para ele dizendo que gostaria de lhe dar um feedback. Ele me respondeu rapidinho com o dia e horário para nos falarmos". A liderança com o mindset do novo poder não se abala, mas, se o poder pessoal ainda for muito intenso para ela, uma situação do tipo terá reflexos por muito tempo.

Um exemplo recente é sobre o trabalho remoto ou híbrido. Em vez de gastar energia resistindo, não seria melhor buscar estratégias para liderar remotamente, talvez com algumas pitadas presenciais? É compreensível que algumas pessoas tenham dificuldades para se adaptar e utilizem várias formas de resistência. Mas o líder não pode agir assim, pois é ele quem dará a direção e a segurança para as pessoas não perderem a esperança diante dos obstáculos. Qual caminho seguir: esperar para ver como as coisas vão se encaminhar ou ser proativo e buscar conjuntamente as estratégias possíveis?

Se a resposta for a proatividade, facilite para que seu time se adapte, investindo no conhecimento e na colaboração. As pessoas, antes de se adaptarem, têm uma tendência à rejeição. Além da paciência de um educador, é importante explicar o que é, quais serão as perdas e os ganhos, quando, como elas serão impactadas, com quem podem tirar dúvidas etc. Também é importante criar espaços para que elas participem, pois, assim, além de informadas, se apropriarão da mudança.

A reflexão animadora é a de que todos começam inexperientes, cheios de incertezas e sem segurança para direcionar o time, mas vão se esculpindo no caminho. Só não se torna um excelente líder quem não se dedicar à sua maior prioridade: desenvolver a si mesmo e às pessoas.

VALEU A PENA!

No início deste livro, falamos do misto de alegria e dor que caracteriza os momentos iniciais da jornada do líder. Após navegarmos por tantas experiências, gostaria de convidá-lo a refletir sobre a seguinte situação: se você recebesse hoje a notícia de que teria de deixar a liderança da empresa na qual trabalha, quais seriam os sentimentos das pessoas com quem interage? O que ouviria das suas lideranças, dos pares, dos liderados, dos clientes, dos fornecedores e parceiros? Elas diriam: "Que alívio!" ou "Que pena!"?

Vou entender que você faz parte do grupo daqueles que ouviriam a expressão "Que pena!".

Fico muito feliz em saber que você está se sentindo compensado por ter aguentado firme aquela primeira etapa da liderança e agora se sente mais maduro para a função; que refez aquele autodiagnóstico e comemorou as mudanças; que conseguiu se desprender de si mesmo e se sentir orgulhoso pelas vitórias das pessoas que lidera; que, quando deixou de se obcecar com as tarefas de curto prazo e abriu a sua agenda para cuidar das pessoas, conseguiu os melhores resultados; que, ao assumir o protagonismo pelo seu desenvolvimento, se fortaleceu para responder aos problemas e não se desmerecer quando não conseguiu.

Que você percebeu que dá mais trabalho se esconder do que mostrar com humildade os seus pontos de vulnerabilidade, isso sem contar que tal atitude não traz ganhos para o desenvolvimento; que aprendeu a utilizar as suas fortalezas para ajudar as outras pessoas a crescer e ser mais felizes; que está aprendendo e praticando técnicas para se comunicar melhor com as pessoas e inspirá-las – é aí que muitos se queimam, pois não é algo automático, intuitivo, que se aprende de ouvido.

Que não poderia continuar se poupando por ser novato, pois poderia retardar o crescimento das outras pessoas; que você entendeu que esse processo não tem fim e que está prosseguindo firme no objetivo de ser extraordinário, deixando marcas diferenciadas na sua equipe e, o que é melhor, está criando admiração por si mesmo.

Gostaria muito de que aquelas pessoas que estão sentindo o peso de ser líder, e até pensando em desistir, tivessem acesso a estes aprendizados para entender que essa transformação é possível, se esse for o seu propósito. A compensação está no caminho, quando você está se dedicando a ser uma liderança extraordinária, dessas que deixam marcas na vida das pessoas.

Ao falar da minha primeira liderança no início do livro, mostrei as dificuldades de uma mulher jovem, mãe, com características e formação diferentes da maioria dos líderes, sob uma cultura masculina. O time engajado me ajudou a passar pelos bloqueios, conseguir responder aos objetivos da empresa e promover o sucesso de todos. Foram muitas lições, batidas de cabeça, mas, sem dúvida, aprender a lidar com as pessoas, a construir relacionamentos dentro e fora da empresa, a investir no autodesenvolvimento, a ter curiosidade para conhecer os processos e as interfaces, a ter humildade para reconhecer que outros da equipe tinham mais conhecimento técnico e pedir ajuda foi essencial no processo.

O meu primeiro time era formado por pessoas de alta performance, mas bem diferentes, e aprendi a harmonizar a nossa dinâmica com bom humor, espírito agregador, franqueza e muita energia, contaminando a todos com a minha paixão pelo nosso propósito, o que propiciou a convergência do grupo. Em poucos meses, éramos um bando de apaixonados fazendo o possível e o impossível para termos o melhor resultado da companhia. Ríamos e trabalhávamos muito.

Entre atividades sociais que incluíam ir a um hotel de ecoturismo com a nossa família, churrascos, reuniões para estudarmos juntos, o nosso time se tornou campeão. Nos reuníamos em uma pequena mesa redonda, na qual avaliávamos conjuntamente o andamento das atividades e a evolução para os resultados, ora comemorando, ora nos criticando duramente para refazer os planos. A gente trabalhava muito e ainda fazia trabalho voluntário em escolas públicas.

Nosso trabalho influenciou toda a empresa e gerou um entusiasmo sem precedentes, o que nos levou a ser reconhecidos não apenas na companhia, mas no mundo corporativo. Todos sentiam orgulho de falar onde trabalhavam e o que faziam. Na época, criamos uma bola com os dizeres "A bola está comigo" para simbolizar a autorresponsabilidade dentro do time. Éramos convidados a compartilhar a nossa experiência em todas as unidades da companhia e em outras empresas e instituições.

Com essa história, quero dizer a todas as pessoas que estão no início da liderança, que não podemos deixar que as nossas diferenças nos limitem. Podemos ter metas, objetivos ousados para o nosso destino profissional e criar a nossa rota. Atualmente, as condições são mais favoráveis graças aos movimentos que reconhecem as competências das mulheres, políticas de equidade que respeitam as suas especificidades, grupos de afinidade e canais para denunciar atitudes desrespeitosas.

Desliguei-me da empresa um tempo após um megarreconhecimento corporativo. Muitos não entenderam os meus motivos, pois eu estava muito feliz e era reconhecida. Não saí por insatisfação, mas por acreditar que os meus aprendizados poderiam contribuir para transformar outras realidades no país. Tenho muita gratidão às minhas antigas lideranças, à minha primeira mentora, Lourdes, aos amigos que fiz na equipe, pares e todos os que participaram da minha trajetória. A Petrobras e a Falconi foram as minhas grandes escolas, e prossigo no movimento simultâneo de aprendizados e experiências para a vida.

EM TODAS AS CULTURAS, AS LIDERANÇAS CONTINUAM SENDO AS PRINCIPAIS FONTES

Se a pessoa está iniciando a sua liderança em uma escola, hospital, indústria, academia, consultoria, varejo, agronegócio, mineração ou qualquer que seja o ambiente, a qualidade da sua liderança refletirá nos ambientes, nas pessoas e nos resultados. As lideranças serão as principais fontes a suprir as necessidades humanas, que são as mesmas, em qualquer lugar, variando a intensidade.

Tive o privilégio de fazer um curso com o psicólogo Mihaly, famoso pelas experiências com o *flow*, pouco antes da sua morte em 2021. Há décadas, aprendo muito com as suas pesquisas, e um pensamento dele traduz fortemente a proposta deste livro para a nova liderança. Transcrevo aqui sua fala sobre o *yu* ou *flow*, uma espécie de motivação máxima que ocorre quando a pessoa está fazendo o que ama:

> As alturas místicas do *yu* ou *flow* não são alcançadas por nenhum salto quântico sobre-humano, simplesmente pelo foco gradual da atenção nas oportunidades de ação no ambiente imediato, resultando em um aperfeiçoamento de habilidades que, com o tempo, se torna tão completamente automático a ponto de parecer espontâneo e sobrenatural. O desempenho de um grande violinista ou de um grande matemático parece igualmente esotérico, ainda que possa ser explicado pelo refinamento incremental dos desafios e das habilidades.

Esse pensamento nos inspira a contemplar juntos a caminhada para a liderança extraordinária. É uma escolha: caminhar em linha reta e cumprir o script de uma liderança comum ou subir a montanha para ter uma visão transformadora? Em linha reta, a pessoa não fortalece os músculos, e a equipe caminha com ela sem emoções, sem o desconhecido para provocar novas soluções e novos aprendizados, e a meta é da liderança.

Pela montanha, o esforço é maior, mas fortalece os músculos, prepara para crises inesperadas, as pessoas sabem que são importantes no grupo, pois a competência de cada um é necessária; preparam-se outras lideranças, porque em alguns momentos haverá revezamento; param para comemorar quando resolvem alguma dificuldade ou inventam algo para facilitar a vida; a meta é de todos.

Se o objetivo da liderança for de curto prazo, escolherá a reta, porque seu foco provavelmente será bater a meta no final do ano; se for de futuro, escolherá a montanha, porque, além da meta, há outros desafios que habilitam as pessoas para vivenciar o sentido do propósito.

As lideranças bem-sucedidas que entrevistei fazem parte do grupo que escolheu a montanha e todos os dias precisam se esforçar para atender às necessidades das pessoas da equipe, mantê-las capacitadas e motivadas para contribuir para os resultados que sustentam a organização. Não adianta atender a todas as necessidades humanas sem atender às necessidades organizacionais. Elas são interdependentes, e uma não sobrevive sem a outra.

As lideranças do novo poder, todos os dias, acordam cheias de perguntas, mas não se estressam por não saber respondê-las sozinhas. Suas perguntas não estão voltadas para si. Elas se conectam ao objetivo de melhorar a experiência das pessoas que trabalham na organização para que elas produzam serviços e produtos que melhorem a vida de quem os recebem. As novas lideranças precisam tirar todos os dias a senha do autoaprendizado contínuo para estar em condições de desenvolver as pessoas sob sua responsabilidade.

Neste livro, elenquei alguns conhecimentos imprescindíveis, todos eles direta ou indiretamente associados às capacidades divulgadas pelo Fórum Econômico Mundial como essenciais ao futuro do trabalho: pensamento crítico e inovação, aprendizado ativo e estratégias de aprendizado, criatividade, originalidade e iniciativa, design e tecnologia, resolução de problemas complexos, liderança e influência social, inteligência emocional, racionalidade, resolução de problemas e ideação, análise e avaliação de sistemas. Enfatizando aqui a primeira delas, os novos líderes bombardeados por informações, a "infodemia", precisam exercitar o pensamento crítico para saber selecionar as práticas úteis do velho poder e os conhecimentos do novo poder a fim de liderar sem a força hierárquica, sem a rigidez do comando e controle, mas apoiados na colaboração e na autorresponsabilidade. Conscientes de que a sua evolução vai exigir que deixe ativado o autoconhecimento e o aprendizado contínuo, para saber discernir e decidir em um cenário instável e imprevisível.

Não sabemos quais serão as novas crises e surpresas que virão, mas o mundo vai precisar de lideranças que se exercitaram nas montanhas e que se sentem felizes em desenvolver aqueles que por várias circunstâncias não estarão prontos. Continue cuidando de você, por meio de várias fontes – como coaching, mentoring e outros recursos – que podem ajudá-lo a expandir o seu potencial e a fortalecer a sua condição de adaptabilidade e contribuição para as mudanças. Lidar com pessoas exige sensibilidade e ciência. Não dá para liderar de forma superficial, momentânea, sem avaliar as consequências atuais e futuras na vida delas. Uma liderança extraordinária está sempre aprendendo a harmonizar trabalho e felicidade como um bom vinho e um prato dos deuses.

Por que fazer as pessoas sentirem que estão cumprindo uma sentença no trabalho se podem pertencer a um ambiente sem medo, no qual elas importam e são ouvidas? Líderes que promovem a felicidade são também mais felizes e mais saudáveis, pois praticam o princípio da reciprocidade. É urgente aprender como melhorar a experiência das pessoas.

Faça o exercício do vencedor ao completar a frase:

Valeu a pena (refletir o que foi feito) porque deu certo (refletir sobre as transformações, os resultados) ou não deu certo (o que não foi obtido, os erros etc.) o que foi aprendido (lições que ficaram, como você se fortaleceu).

LIDERANÇAS VENCEDORAS

E screvi esta obra para que as novas lideranças encontrassem apoio em suas jornadas. É meu desejo mostrar que elas não estão sozinhas na busca pelos resultados e pela transformação das empresas em que atuam. Por isso, convidei algumas lideranças jovens que, apesar das experiências difíceis no início, souberam buscar alternativas para que pudessem agora celebrar o sucesso.

Essas pessoas têm em comum a certeza de que o líder herói não faz parte do nosso tempo, pois tudo que precisam conseguir depende da colaboração das pessoas e da busca incessante de aprendizados para se capacitar para os novos desafios. Também aprenderam que o novo poder da liderança está na capacidade de influenciar e engajar, e não de se empoderar desmedidamente. São estas as mensagens que enviaram para você:

Novos líderes, nunca se esqueçam que nós não somos líderes, estamos líderes. O que fala sobre sua essência são as características do ser e não do estar. Portanto, seja educado, respeitoso e colaborativo, pois estas qualidades te farão ser, sobretudo, referência para as pessoas e te acompanharão por toda a vida, indiferente da sua posição.

ALINE FERRAZ, **40** ANOS, DIRETORIA DE EXPERIÊNCIA DO CLIENTE DA ATENTO.

Liderar é muito mais do que um desafio profissional: é uma oportunidade de crescimento pessoal. Se você está embarcando agora nesta jornada, parabéns. Alguém viu em você os atributos necessários para guiar a sua equipe em direção a um objetivo comum. Sinta orgulho de você mesmo. Comemore, mas tenha a consciência de que este é um caminho, e não um fim. Meu conselho? Divirta-se. Jogue-se de corpo e alma na experiência: confie no seu julgamento, ouça, fale, troque. Faça, reflita, aprenda. Refaça. Assuma riscos e erros. Liderar é uma jornada, não um fim. Hoje, mais do que nunca, liderar é inspirar. Não se preocupe se sentir que não está pronto e nunca estará. Ninguém está. Estamos todos em construção em evolução contínua.

BIANCA AMARAL BIANCHINI, **38** ANOS, DIRETORA DE E-COMMERCE DO CARREFOUR.

Se tornar um líder, para mim, foi sobre reaprender e ressignificar tudo que você achou que já tinha aprendido. Eu entendi que não tenho todas as respostas para os questionamentos, e tudo bem. Estar aberta a ouvir, repensar e levar em consideração o que o time tem a dizer é o meu "segredo". Eu aprendo muito todos os dias com os meus liderados e tenho certeza, porque recebo constantemente este feedback, de que se sentem valorizados como profissionais e pessoas.

CAMILA SÁ, **30** ANOS, CREATIVE MANAGER DA WARNER BROS. DISCOVERY.

Liderança não é algo para se temer, tampouco acreditar que não pode ser desenvolvida. Ao longo do tempo fui aprendendo que não precisava esconder a minha vulnerabilidade, nem me envergonhar de voltar atrás ou pedir ajuda. Assim, a liderança foi se tornando mais leve e, por meio dela, tenho conseguido praticar uma das formas mais genuínas de cuidar das pessoas. Minha mensagem para você que está iniciando a jornada é: não tente ser herói; faça cada dia um pouco melhor, pois liderar é, acima de tudo, desenvolver um hábito.

DANIEL SPOLAOR, **36** ANOS, PROFISSIONAL DE RH, COFUNDADOR DA ESCOLA KORÚ.

O desafio de liderar pessoas, interagir com sócios, clientes e fazer o negócio dar certo foi bem assustador no início. O que me fortaleceu foi ficar firme no propósito, ter humildade para aprender e resiliência para mudar o plano de negócios quando necessário, manter a proximidade com a família, praticar esportes, e fazer uma mentoria para me orientar e desenvolver na equipe uma atitude de cuidado mútuo. Dizem que conselho não se dá, mas os resultados mostram que está dando certo.

FÁBIO COSTA, **35** ANOS, CEO DA FLUXO COMBUSTÍVEIS.

eu acho que nunca vou aprender tudo sobre liderar pessoas. São pessoas. Cada dia, cada situação, é muito peculiar. E as combinações de possibilidades do que você pode encontrar são infinitas. Mas eu aprendi tudo o que eu não queria ser. E eu aprendi isso com as pessoas. Exatamente aquelas com quem eu não queria parecer. A minha essência, aquilo tudo que eu não queria ser, prevaleceu. Foi a base de uma casca superficial composta por óculos e salto alto – afinal, eu tinha que parecer um pouco mais séria – que, aos poucos, eu tento desfazer, imersa agora em um mundo mais diverso e liberto. Ah! Mas sobre liderar... Não importa o que você faça: você não vai agradar todo mundo. Mas o como você fará, com certeza, poderá marcar todo mundo. E, de marquinha em marquinha, você angaria seus seguidores – sem forçar a barra.

GABRIELA MUNHOZ B. DO AMARAL, **30** ANOS, SÊNIOR GROUP PRODUCT MANAGER NO IFOOD.

Sou líder, e agora? O que eu faço? Como eu faço? Bateu medo e insegurança? Sim, não vou negar. Jovem, mulher e com resultados desafiadores a serem atingidos. Por medo de não corresponder às expectativas, passei noites, finais de semana, horários de almoço estudando e revendo as atividades. Até que decidi praticar um conceito importante: líder alcança resultados é com o time. Me aproximei mais das pessoas, ensinando o que eu sabia e pedindo ajuda onde precisava. A melhoria da nossa performance e dos resultados mostraram que a receita estava certa e é ela que compartilho com você: busque constantemente o seu autodesenvolvimento, mas ao mesmo tempo cuide do time, para que seja forte, diverso, complementar e que tenha na colaboração o seu maior valor.

ROBERTA SERAFIM, **37** ANOS, DIRETORA DE CULTURA ORGANIZACIONAL E PERFORMANCE DA VIA VAREJO.

novos líderes, o que mais tem me ajudado e deixo para vocês como conselho, é: procure entender as particularidades de cada membro da sua equipe, ouça atentamente e pratique a empatia. Um líder de verdade é aquele que desenvolve seu time e se alegra com as conquistas individuais de cada um, como se fossem suas.

RONILTON FREITAS, **32** ANOS, BUSINESS IMPROVEMENT, ANGLO AMERICAN.